Philipp Wolk
mit Jochen Till

Kein Geld
macht auch nicht glücklich

Entspannt sparen, anlegen, versichern
Tipps vom Finanzexperten

W0046586

GOLDMANN

Verlagsgruppe Random House FSC® N001967

 Dieses Buch ist auch als E-Book erhältlich.

1. Auflage
Originalausgabe Mai 2018
Copyright © 2018 der Originalausgabe:
Wilhelm Goldmann Verlag, München,
in der Verlagsgruppe Random House GmbH,
Neumarkter Str. 28, 81673 München
Umschlaggestaltung: Uno Werbeagentur, München
Umschlagmotiv: Getty Images/wragg
Illustrationen/Innenteil: Kerstin Laheyne
Redaktion: Birthe Vogelmann
Satz: Fotosatz Amann, Memmingen
Druck und Bindung: GGP Media GmbH, Pößneck
Printed in Germany
MZ/KW · Herstellung: CB
ISBN 978-3-442-17737-0
www.goldmann-verlag.de

Besuchen Sie den Goldmann Verlag im Netz:

Inhaltsverzeichnis

Vorwort

Kennen Sie das? Ihr Auto gibt plötzlich seltsame Geräusche von sich, aber zum Glück ist Ihr Schwager Automechaniker. Oder Sie entdecken einen verdächtigen Leberfleck auf dem Rücken – wie gut, dass Ihre beste Freundin zufällig Hautärztin ist. Oder Sie möchten als mehrfach bewiesener Küchenbanause Ihre/n Liebste/n zum Jahrestag mit einem leckeren Bœuf bourguignon überraschen und haben einen Sternekoch in der Verwandtschaft. Was macht man normalerweise in solchen Fällen? Natürlich, man fragt den Experten um Rat – ob er nun gerade Lust hat, Ihnen in seiner knappen Freizeit eine kostenlose Expertise zu liefern, oder nicht. Mich fragen für meinen Geschmack viel zu wenige, wenn es um mein ausgewiesenes Wissensgebiet geht. Weil es ein Thema ist, über das man »nicht spricht«. Und das finde ich sehr schade.

Mein Name ist Philipp Wolk, und ich bin Experte in Sachen Geld. Dazu gemacht hat mich eine Ausbildung zum Bankkaufmann, ein anschließendes BWL-

Studium, meine jahrelange Arbeit als Portfoliomanager und eine anhaltende, tiefsitzende Leidenschaft für alles, was mit Finanzen zu tun hat. Das war schon immer so. Ich hatte nie Probleme damit, am Ende der Woche noch Taschengeld übrig zu haben. Ich kam mit meinem Ausbildungsgehalt gut zurecht, konnte mein Studium locker selbst finanzieren und habe das, was von meinem Gehalt übrigblieb, so angelegt, dass ich mir um die Finanzierung meines derzeitigen Sabbaticals keine Sorgen machen musste. Und selbst jetzt, wo ich mich nicht professionell von morgens bis abends um das Geld anderer Leute kümmere, lässt mich das Thema doch nie los. Ich lese und sammle alle Zeitungsartikel, die ich dazu in die Hände kriege. Nicht, um beruflich auf dem Laufenden zu bleiben, sondern weil es mich schlicht und einfach interessiert und fasziniert. Andere träumen davon, Rockstar zu werden. Oder Supermodel. Oder Lotto-Millionär. Deshalb weiß ich, dass das für die meisten Leute seltsam klingt: Ich habe mich immer nur für Geld interessiert. Nicht dafür, möglichst viel davon anzuhäufen, sondern dafür, wie man mit dem, was man hat, möglichst sorgenfrei leben kann. Das kann man nämlich, und es ist gar nicht so schwer, sofern man sich damit auskennt. Und wenn man sich nicht damit auskennt, sollte man eben einen Experten fragen.

Aber leider ist Geld für viele Menschen nach wie vor ein Tabuthema. Das gilt nicht nur für Deutschland, diese Unsitte herrscht tatsächlich weltweit – selbst in den diesbezüglich so gern als viel offener propagierten USA. Die Amerikaner gehen vielleicht im Gespräch freizügiger mit der Höhe ihres Gehalts um, aber über finanzielle Sorgen oder gar Probleme wird dort auch nicht geredet, schon gar nicht in der Familie. Und genau das ist es, was mich immer wieder fassungslos verwundert und verzweifeln lässt. Selbst meine eigene Familie fragt mich, den ausgewiesenen Finanzfachmann, nicht um Rat, wenn es um Geld geht! Meine Mutter hat vor nicht allzu langer Zeit zehntausend Euro in Aktienpakete investiert, die ihr ein Bankberater aufgeschwatzt hat. Die Aktien machten sich schnurstracks auf den Weg bachabwärts, und ruckzuck! waren von den zehntausend Euro nur noch dreitausend übrig. Als meine Mutter mir das hinterher so ganz nebenbei erzählte, zuckte sie als Fazit nur mit den Schultern und sagte: Mal gewinnt man, mal verliert man. Das ist zwar grundsätzlich eine gesunde Einstellung, um mit solchen Rückschlägen umzugehen, aber in diesem Fall wäre ein Verlust so leicht vermeidbar gewesen – sie hätte nur *mich* vorher fragen müssen. Ihren Sohn. Den mit der Bankausbildung. Und dem BWL-Studium. Der sich so gut mit Wertpapieren auskennt. Den Finanzexperten, den sie selbst zur Welt gebracht hat. Aber nein, da wird lieber ein Fremder konsultiert, dessen einziges Interesse darin besteht, etwas zu verkaufen, das in erster Linie *seinen*

Kontostand erhöht. Das ist nämlich genau das Problem, wenn Sie sich in einer Bank beraten lassen. Bankangestellten ist es völlig schnuppe, wenn Sie siebentausend Euro verlieren. Einer Bank geht es ausschließlich darum, Profit zu machen. Ich weiß das, ich habe lang genug selbst für eine Bank gearbeitet, und genau das hat mich daran gestört.

Deshalb kam ich auch auf die Idee zu diesem Buch: ein leicht verständlicher und unterhaltsamer Ratgeber mit allgemeingültigen Tipps für Ihre persönliche Finanzplanung. Es soll hier nicht darum gehen, wie man möglichst schnell reich wird, sondern darum, das Geld, das man hat, so zu nutzen, dass man sich um das Thema Finanzen weniger bis keine Sorgen machen muss. Denn Geld ist schließlich nicht das Wichtigste im Leben, es sind doch meistens andere Dinge, die uns glücklich machen. Aber: Kein Geld macht auch nicht glücklich. Und deshalb möchte ich jedem helfen, der sich nicht gerne mit diesem Thema beschäftigt. Nicht mit bedeutungsschwangeren Statistiken oder kompliziert ausgeklügelten Strategien, die nur Experten verstehen, sondern anhand alltäglicher Probleme in alltäglichen Situationen. Dabei erfinde ich sicher nicht das Rad der persönlichen Finanzplanung neu. Alles, was Sie hier an Tipps und Ratschlägen von mir bekommen, steht tausendfach in irgendwelchen Blogs/Foren/Artikeln und teilweise bereits in der Bibel. Meiner Meinung nach müssen Finanztipps aber nicht trocken und quälend langweilig vermittelt werden, wie es leider in vielen Ratgebern der Fall ist. Ich dachte immer schon, das müsste mal jemand locker, unterhaltsam und mit einer Prise Humor machen – warum nicht ich? Diese Frage beantwortete sich leider rasch von selbst: weil mir das Talent zum Schreiben fehlt. Aber was macht man, wenn man etwas nicht kann? Richtig, man fragt einen Experten. Wozu hat man schließlich seit ewigen Zeiten einen Autor namens Jochen Till im erweiterten Freundeskreis, der bereits über vierzig unterhaltsame und humorvolle Bücher veröffentlicht hat? Nicht, dass ich sie alle gelesen hätte – Finanzen spielen darin so gut wie keine Rolle –, aber fragen kostet ja bekanntlich nichts. Also habe ich mich einfach mal bei ihm erkundigt, ob er Lust hätte, mit mir zusammen dieses Buch zu verwirklichen. Und dass Sie dies nun gerade lesen können, bedeutet, er hat sehr zu meiner Freude zugestimmt.

Begleiten Sie mich also nun in eine Welt, in der Leute mich tatsächlich um Rat fragen, wenn es um ihr Geld geht. Um eventuelle Befindlichkeiten meiner Verwandten/Freunde/Bekannten zu vermeiden, haben wir die meisten dieser Leute frei erfunden – ihre finanziellen Sorgen und Probleme hingegen sind echt.

Das kannst du dir SPAREN!

»Moni! Vier Kurze, bitte!«, ruft Paul. »Auf meinen Deckel!«

»Kommen sofort. Schon wieder verloren?«

»Ja. Ist offenbar nicht mein Tag.«

»Nicht dein Monat, meinst du wohl. Zumindest sagt das dein Deckel.«

Haben Sie auch schon mal einen Deckel in Ihrer Stammkneipe gemacht? Haben Sie überhaupt eine Stammkneipe? Ich finde ja, jeder sollte eine haben. Zumindest, wenn man wie ich Single ist und es niemanden stört, dass man jeden Abend dort vorbeischaut. Meine liegt wie jede gute Stammkneipe in Laufweite, direkt bei mir um die Ecke. Wenn ich sie betrete, ist das immer ein bisschen wie nach Hause kommen. Ein anderes Zuhause, ein geselliges, gesprächiges, witziges und manchmal aufregendes, in dem ganz viel Leben in all seinen Facetten stattfindet. Und im Gegensatz zu meinem anderen Zuhause ist hier immer jemand, mit dem ich quatschen kann. Oder ich kann einfach nur dasitzen und die Leute beobachten, das mache ich auch sehr gerne.

»Wieso?«, fragt Paul. »Bei wie viel sind wir denn jetzt? Heute ist der Dreißigste, oder? Rechne doch schon mal zusammen, ich zahl dann nachher.«

Oha, jetzt wird's spannend. Es ist mal wieder so weit. Paul bezahlt seinen monatlichen Deckel. Das macht er immer so, schon seit Jahren. Er trinkt und isst und zockt den ganzen Monat lang hier und bezahlt dann alles auf einmal. Das sei praktischer so, sagt er. Für mich wäre diese Art der Bezahlung ja nichts. Ein Deckel ist ein Schuldschein, und ich habe es bisher geschafft, in meinem ganzen Leben keine Schulden zu machen. Was nicht bedeutet, dass ich grundsätzlich dagegen bin, Schulden zu machen, manchmal geht es gar nicht anders, daran ist nichts verwerflich. Aber ich bezahle immer gern alles sofort, was ich kaufe, in Anspruch nehme oder verzehre. Ich möchte einfach niemandem etwas schuldig sein, das ist eine Macke von mir. Wobei, um bei der Wahrheit zu bleiben, ab und zu habe ich hier doch einen Deckel gemacht, das muss ich zugeben. Aber das war nie vorsätzlich, an diesen Abenden habe ich schlicht und einfach vergessen zu bezahlen. Das kann mal passieren, wenn Deckel- und Promillewert an einem Abend äquivalent in unvorhergesehene Höhen steigen. Das kommt aber nur sehr selten vor, und zum Glück ausschließlich in meiner Stammkneipe, wo das gar kein Problem ist. Da wird dann dein Name auf den vernachlässigten Deckel geschrieben und am nächsten

Tag mit einem verschmitzten Lächeln diskret darauf hingewiesen, dass man am Vortag wohl etwas vergessen hätte. Das kann Paul mit seiner Methode natürlich nicht passieren.

»Okay, dann wollen wir mal«, sagt Moni und legt Pauls Deckel vor sich auf den Tresen. »Seid ihr bereit? Paul, du darfst wie immer zuerst.«

»Alles klar«, sagt Paul. »Diesmal gewinne ich, ihr habt keine Chance.«

Ich weiß nicht, wessen Idee es war, aber lustig finde ich sie immer noch. Wenn Paul seinen Deckel bezahlt, dürfen alle Anwesenden schätzen, wie hoch er sein wird, und wer am nächsten dran ist, kriegt einen Kurzen aufs Haus. Ich habe sogar schon einmal dabei gewonnen, aber das ist schon eine Weile her.

»Also«, fährt Paul fort. »Ich habe tatsächlich sehr viele Würfelrunden verloren diesen Monat. Mehr als letzten Monat auf jeden Fall. Dafür war ich aber auch drei Tage nicht hier wegen der Zahn-OP. Es müsste trotzdem knapp mehr sein als letzten Monat. Ich sage, es sind achthundertdreiundfünfzig achtzig.«

Von den Anwesenden werden nach und nach verschiedene Schätzbeträge in den Raum geworfen, Moni schreibt alle auf einen Bierdeckel.

»Diesmal bist du vierstellig«, sage ich grinsend zu Paul. »Ich habe dich ganz genau beobachtet diesen Monat. Du hast gefühlte zehntausend Runden beim Würfeln verloren. Du spielst aber auch so, als könntest du nur mit Mühe und Not drei einäugige Würfel zusammenzählen. Ich sage, es sind tausendachtzehn Euro vierzig.«

»Ganz schön gewagt«, sagt Moni und wirft mir einen beeindruckten Blick zu. »Das wäre Rekord.«

»Nie im Leben«, sagt Paul zu mir. »Vierstellig war ich noch nicht mal im Januar. Und da habe ich Geburtstag.«

»Das erklärt es«, erwidere ich. »Mit dir wollte wahrscheinlich keiner feiern, deshalb war das ein sehr billiger Abend.«

»Falsch«, sagt Paul. »Wir haben extra an einem Abend gefeiert, an dem du nicht da warst, weil dich eh keiner mag. War 'ne geile Party.«

»Kann nicht sein«, sage ich. »Du warst ja dabei.«

»Ja«, erwidert Paul. »Und deine besten Freunde waren auch alle hier, weil sie keinen Bock auf dich hatten.«

Wir grinsen uns an.

Genau dafür mag ich Paul. Wir ziehen uns regelmäßig gegenseitig auf, was aber nie bösartig gemeint ist, auch wenn es sich für Außenstehende manchmal so anhört. Wir schätzen und achten uns gegenseitig sogar sehr, sonst würde diese Art von Humor auch nicht lange funktionieren. Es ist wie eine Art lustiger Wettbewerb, bei dem derjenige gewinnt, der den anderen fieser aufzieht. Die Engländer nennen das *taking the piss*, da hat das Tradition und ist sozusagen eine derbe Kunstform des humorvollen menschlichen Miteinanders. Das funktioniert natürlich nicht mit jedem – das Gegenüber sollte definitiv wissen, was Ironie ist und nicht schnell beleidigt sein, sonst kann es passieren, dass der Spaß für einen sehr schnell vorbei und die Lippe blutig ist.

»Du bist echt eine Null, Schneider«, sage ich lachend.

»Und du eine Doppelnull, Wolk«, erwidert er.

»Stimmt«, sage ich und zwinkere ihm zu. »Aber mit einer Sieben hintendran.«

»Könnt ihr zwei Kindsköpfe bitte mal kurz die Klappe halten?«, sagt Moni. »Ich muss hier rechnen.«

Der Geräuschpegel an der Theke sinkt ruckartig. Alle starren Moni an, die konzentriert rechnend über Pauls Deckel brütet. Einen Taschenrechner braucht sie dafür nicht. Moni ist echt phänomenal. Und damit meine ich ausnahmsweise nicht ihre äußere Erscheinung. Sie sieht sen-sa-tio-nell aus. Moni ist gerade vierzig geworden und hat nie besser ausgesehen als jetzt. Das weiß ich, weil ich jede Menge alte Fotos von ihr gesehen habe, als ich bei ihr übernachtet … Nein, das geht niemanden etwas an, das ist eine andere Geschichte. Auf jeden Fall sieht sie sensationell aus, und ich bin mir sicher, dass hier so gut wie jeder schon in sie verliebt war. Paul auf jeden Fall, er versucht es immer wieder bei ihr, blitzt aber jedes Mal eiskalt ab. Von ihrem Aussehen einmal abgesehen, ist sie aber auch sonst phänomenal, vor allem als Bedienung. Sie vergisst nie etwas und kann sich mindestens zwanzig Bestellungen auf einmal merken. Während andere immer erst einen Zettel zücken und alles aufschreiben müssen, nickt Moni nur und kommt kurz darauf mit exakt den gewünschten Getränken zurück. Und meistens weiß sie auch ohne auf den Deckel zu gucken, wie viel man im Laufe eines Abends getrunken und was genau man zu bezahlen hat.

Bei einem Monatsdeckel in Höhe von hoffentlich tausendachtzehn Euro vierzig dauert das Rechnen verständlicherweise etwas länger.

»Okay«, sagt Moni schließlich. »Das Ergebnis liegt vor. Die Verkündung erfolgt unter notarieller Aufsicht.«

Sie streckt den Deckel kurz Wolfram entgegen, er nickt. Wolfram ist Anwalt und auch fast jeden Abend hier. Wir spielen ab und zu eine Runde Darts gegeneinander.

»Seid ihr bereit?«, fragt Moni und füllt ein kleines Glas mit Bacardi und Cola.

Sie nimmt das Glas und kommt auf unsere Seite des Tresens.

»Der Gewinner des allmonatlichen Deckel-Schätz-Wettbewerbs heißt ...«, sagt sie verheißungsvoll, während wir mit den Händen einen Trommelwirbel auf der Theke vollführen. »Schorschi!«

Mist, wieder nicht gewonnen. Aber ich gönne es

Schorschi absolut und klatsche laut Beifall. Schorschi ist ein sehr seltsamer Vogel, aber ein durchaus liebenswerter. Er ist das, was ich als Althippie bezeichnen würde. Schlohweiße, fransige Haare, die eine kreisrunde glänzende Platte auf seinem Kopf umranden, eine grüne Latzhose, die er wahrscheinlich schon trug, als Che Guevara exekutiert wurde, und, egal ob Sommer oder Schneesturm, die obligatorischen Jesuslatschen – mehr Hippieklischee geht nicht. Sein genaues Alter ist unergründlich, weil er Tag und Nacht eine Sonnenbrille trägt – ich würde ihn auf irgendwas zwischen sechzig und achtzig schätzen.

»Der Deckel beträgt neunhundertdreiundzwanzig zwanzig«, verkündet Moni. »Schorschi war mit neunhundertdreißig am nächsten dran.«

Moni stellt das Glas neben Schorschi auf die Theke. Er nimmt es in die Hand und steht von seinem Hocker auf.

»Liebe Mitmenschen«, sagt er feierlich. »Auch, wenn es mir eine Ehre ist, diesen geistreichen Kelch aufgrund einer unbegründeten und wahllos getroffenen Vermutung gewonnen zu haben, kann ich ihn leider nicht annehmen. Es widerspricht meiner antikapitalistischen Einstellung, etwas in Anspruch zu nehmen, das aus einer Wette resultiert, die auf dem Austausch finanzieller Mittel basiert.«

Ich sag's doch, Schorschi ist ein seltsamer Vogel.

»Aber du tauschst doch hier auch jeden Abend finanzielle Mittel gegen Alkohol«, gebe ich ihm zu bedenken.

»Ich weiß«, sagt Schorschi seufzend. »Aber das ist in diesem Fall ein notwendiges und nicht zu vermeidendes Übel. Dieser leckere Gerstensaft gehört für mich zu den menschlichen Grundbedürfnissen. Er sollte meiner Auffassung nach schon rein aus kulturhistorischen Gründen kostenlos in ausreichender Menge abgegeben werden, aber das lässt die Kapitalistenlobby selbstverständlich nicht zu. Also muss ich mich wohl oder übel für mein Menschenrecht auf Bier dem System des schnöden Mammons beugen.«

»Ich habe einen Klienten, der braut sein Bier selbst«, sagt Wolfram. »Das kann man sogar trinken.«

»In der Kunst des Bierbrauens habe ich mich auch einmal versucht«, sagt Schorschi. »Mit Zutaten aus streng biologischem Anbau. Das Ergebnis war, gelinde gesagt, eine Katastrophe atomaren Ausmaßes. Nach einem Selbstversuch saß ich fünf Tage lang auf dem Lokus. Zwei Tage aufgrund meines angegriffenen Verdauungstrakts und die restlichen drei, weil ich aufgrund der für die besondere Geschmacksnote spontan ausgewählten Pilzsorte und der davon ausgelösten Paranoia vor der Tür ein Killerkommando des Bundesgrenzschutzes vermutete.«

Wir fangen alle an zu lachen. Einmalig, dieser Schorschi. Solche Charaktere kann man nicht erfinden, die trifft man nur in Kneipen.

»Das war bei Weitem nicht so amüsant, wie es sich heute anhört«, sagt Schorschi, muss aber selbst lachen. »Aber um auf den Anlass zu dieser kleinen Anekdote zurückzukommen: Ich kann dieses Getränk aus einer tiefen Überzeugung heraus nicht annehmen und möchte es deshalb jemandem kredenzen, der sein Leben wie ich der Kunst widmet und nicht blind dem Gott des Geldes hinterherhechelt. Hier, Schreiberling. Lass es dir schmecken.«

Er drückt Jochen, der neben mir am Tresen sitzt, das Glas in die Hand.

Ach ja, unser Schreiberling. Das meine ich in keiner Weise despektierlich – ich ziehe meinen Hut vor jedem, der etwas kann und macht, wofür mir jegliches Talent fehlt. Aber er wird hier von allen Schreiberling genannt und hat offenbar auch kein Problem damit, darum mache ich es auch. Schriftsteller oder Autor klingt ohnehin viel zu ernst und seriös für jemanden, der eine Tim-und-Struppi-Frisur hat.

Jochen und ich kennen uns jetzt auch schon bestimmt über zwanzig Jahre, zumindest vom Sehen. Sein erstes Buch habe ich damals gelesen, und es hat mir gefallen. Aber da ich kein großer Leser bin, außer wenn es um Finanzangelegenheiten geht, habe ich seine Bücher nicht weiterverfolgt. Ich glaube, er schreibt mittlerweile auch hauptsächlich Bücher für Kinder und Jugendliche, da gehöre ich definitiv nicht zur Zielgruppe, und das liefert mir die perfekte Ausrede, warum ich

21

seine letzten Bücher nicht gelesen habe. Viel hatten wir nie miteinander zu tun, eine typische Kneipenbekanntschaft, aber ab und zu schwätzen wir mal über dies und das und Fußball, und es sind immer sehr angenehme Gespräche. Auf diese unverbindliche Kneipenart mag ich ihn sehr, wir würden uns wahrscheinlich auch außerhalb dieses Refugiums gut verstehen, denke ich.

»Danke, Schorschi«, sagt Jochen und ext den Baci-Cola, wobei seinem Gesicht deutlich anzusehen ist, dass dies nicht unbedingt sein Lieblingsgetränk ist.

»Ich zahle den Deckel dann nachher, kommt bestimmt noch was drauf«, sagt Paul und geht zurück zu seiner Würfelrunde.

»Alles klar«, sagt Moni.

»Machst du mir bitte schnell ein Bier?«, fragt Jochen sie. »Ich muss unbedingt diesen ekligen Geschmack loswerden.«

Moni nickt und zapft ein Bier an.

»Wer fängt an?«, fragt Paul in die Würfelrunde. »Ach ja, immer der Verlierer. Das wäre dann wohl ich. Aber diesmal mach ich euch fertig. Wie sieht's aus, Doppelnull Wolk? Steigst du mit ein?«

»Nee, lass mal«, antworte ich. »Ich hatte nicht vor, hier heute mit einer Alkoholvergiftung abtransportiert zu werden, weil du nicht würfeln kannst.«

»Ach komm«, hakt Paul nach. »Nur eine Runde. Ich versprech dir auch, dass du verlieren wirst.«

»Nein, danke«, erwidere ich. »Eure eine Runde kenne ich. Das bedeutet, dass wir noch um eins hier sitzen und Moni uns böse anguckt, weil wir ihr den Feierabend vermasseln. Und ich will nicht, dass Moni mich böse anguckt, das macht mir Angst.«

»Sehr gut«, sagt Moni schmunzelnd. »Das soll es auch.«

»Ich wusste es«, frotzelt Paul. »Du bist eine Doppel-null.«

Ich grinse und schweige. Es ist nicht so, dass ich grundsätzlich nicht gerne würfeln würde, im Gegenteil, ich würfle sogar sehr gerne, nur nicht dieses Spiel und nicht in dieser Konstellation. Wobei das nichts mit Paul oder den anderen Jungs zu tun hat, das ist eine rein finanzielle Angelegenheit. Ein Rechenbeispiel: Wir sind bei dieser Runde zu fünft. Wenn ich einmal verlöre, müsste ich also vier Kurze ausgeben (plus einen für mich), das wären insgesamt zehn Euro. Um die acht ausgegebenen Euro wieder reinzuholen, müsste ich also weiterspielen und viermal nicht verlieren. Das kann natürlich passieren, ist aber sehr unwahrscheinlich und von mir nicht beeinflussbar, da es sich um ein reines Glücksspiel handelt. Sollte ich also ein zweites Mal verlieren, wäre ich schon bei sechzehn Euro Verlust. Um die wieder reinzuholen, wären mindestens acht weitere Spiele nötig. Und selbst, wenn ich die alle nicht verlöre, hätte ich am Ende doch das Nachsehen, weil ich nach acht Kurzen sturzbetrunken wäre und den Rest der Nacht höchstwahrscheinlich in inniger Umarmung mit meiner Kloschüssel verbrächte – was definitiv nicht Ziel dieses Abends ist. Grundsätzlich ist es zwar nicht so, dass ich nach acht Kurzen gleich umkippe, unter normalen Umständen vertrage ich das (abgesehen von einem leichten Gleichgewichtsverlust und einer schweren Zunge) relativ unbeschadet. Aber acht Kurze in einer Dreiviertelstunde auf leeren Magen sind dann doch eine andere Geschichte. So eine Würfelrunde dauert nämlich höchstens fünf Minuten, und diese Art von Hochgeschwindigkeits-Druckbetankung hat mir mein Körper zuletzt vor geschätzten zwanzig Jahren ohne Konsequenzen verziehen – heute würde er sich böse dafür rächen.

Von daher bin ich hier dafür bekannt, nur äußerst selten mitzuwürfeln. Gefragt werde ich aber trotzdem noch regelmäßig, was ich sehr nett finde.

»Was ist mir dir, Schreiberling?«, fragt Paul in Richtung Jochen. »Lust einzusteigen?«

»Lust schon«, sagt er seufzend. »Aber das lässt mein Portemonnaie derzeit leider nicht zu. Ich habe gerade noch genug Geld für das nächste Bier.«

»Okay, dann nicht«, sagt Paul und knallt den Würfelbecher auf den Tisch. »Los geht's, Jungs! Jetzt mach ich euch fertig!«

Moni stellt das neue Bier vor Jochen ab.

»Schreib das auf mich«, sage ich schnell.

»Oh, vielen Dank«, sagt Jochen und lächelt mich an. »Womit habe ich das denn verdient?«

»Es macht mich traurig, wenn jemand in der Kneipe sitzt und nur noch Geld für ein Bier hat«, antworte ich. »Ende-des-Monats-Engpass?«

»Ach«, seufzt er wieder. »Bei mir ist irgendwie ständig Ende des Monats.«

»Geldprobleme?«, frage ich.

»Na ja, ich bin auch irgendwie selbst dran schuld. Ich gebe zu viel für unnötigen Schnickschnack aus.«

Ich schaue ihn fragend an.

»Comicfiguren, zum Beispiel«, sagt er. »Ich sammle Comicfiguren. Teure Comicfiguren. Und wenn ich im Netz eine entdecke, die ich noch nicht habe, bestelle ich sie sofort. Das war schon immer so, ich kann einfach nicht mit Geld umgehen. Du weißt nicht zufällig, wie man das ändern kann? Oder wie man garantiert fünf Millionen im Lotto gewinnt?«

Natürlich. Wer träumt nicht vom großen Lottogewinn? Damit wären alle finanziellen Sorgen auf einen Schlag Geschichte. Vorerst. Es gibt ja auch genug Lottogewinner, die alles sinnlos verprasst haben und heute wieder pleite sind. Was die meisten vergessen oder sich nie bewusstgemacht haben: Viel Geld zu besitzen macht einen nicht besser, schlauer, schöner, liebenswerter oder wichtiger – es macht einen nur reicher. Und dadurch keinesfalls glücklicher. Das ist sogar wissenschaftlich bewiesen. Da gab es eine Studie von einem Nobelpreisträger, bei der herausgefunden wurde, dass das Glücksgefühl eines Menschen nicht potentiell mit der Höhe des Betrages auf seinem Bankkonto steigt. Zumindest steigt es ab einem Jahreseinkommen von sechzigtausend Euro nicht mehr. Wenn jemand also hundertzwanzigtausend Euro im Jahr verdient, ist er nicht doppelt so glücklich wie jemand, der sechzigtausend Euro verdient. Aber, wie gesagt, kein Geld macht auch nicht glücklich. Schon gar nicht, wenn man sich wie Jochen nur noch ein Bier leisten kann. Fünf Millionen braucht es dafür aber sicher nicht.

»Mit dem Lottogewinn kann ich dir leider nicht helfen«, sage ich lachend. »Aber mit dem, was du hast, sorgenfrei zu leben, schon.«

»Was, echt?«, erwidert er erstaunt. »Was machst du beruflich? Bist du Zauberer? Hypnotiseur? Bankräuber?«

»Bank trifft es schon ganz gut«, sage ich lachend. »Ich bin Bankkaufmann und habe BWL studiert.«

»Alles klar«, sagt Jochen und winkt ab. »Du willst mir nur was verkaufen. Nein danke, lass stecken. Das hat hier schon mal einer versucht, da bin ich zum Glück auch nicht drauf reingefallen. Im Gegensatz zu manch anderem hier. Nicht wahr, Paul?«

»Was? Wer ist wo reingefallen?«, fragt Paul.

»Du«, sagt Jochen. »Auf den Hartmann.«

»Erinnere mich bloß nicht daran«, knurrt Paul.

»Die zehntausend Mark hätte ich auch gleich im Klo runterspülen können. Wenn der hier noch mal auftaucht, gibt's aber so was von aufs Maul.«

Stimmt, ich erinnere mich. Das war kurz nach der Wende, da ist hier so ein windiger Anlageberater aufgetaucht und hat einigen Jungs Anteile an irgendwelchen Neubauten im Osten angedreht, die sich als nicht vermietbare Bruchbuden entpuppten. Das Geld war natürlich futsch, und der Typ wurde nie mehr gesehen. Und was lernen wir daraus? Genau, man sollte auf gar keinen Fall irgendwelche Geldgeschäfte in der Kneipe tätigen und sich nie irgendetwas so ganz nebenbei aufschwatzen und als besten Deal aller Zeiten verkaufen lassen. Davon profitiert im Zweifelsfall immer nur derjenige, der Ihnen zum Abschied eine Kontonummer für die Überweisung in die Hand drückt.

»Der taucht hier nicht mehr auf«, sagt Jochen. »Ich habe gehört, er hat sich mit eurem Geld in die Dom-Rep abgesetzt.«

»Dann muss ich da wohl mal Urlaub machen«, knurrt Paul. »Gelten Baseballschläger bei der Flughafenkontrolle eigentlich als Waffen?«

Wir lachen. Dann wende ich mich wieder an Jochen.

»Spaß beiseite«, sage ich. »Ich will dir nichts verkaufen. Ich arbeite zurzeit gar nicht, also hätte ich sowieso nichts davon. Ich würde dir nur ein paar ganz einfache Tipps für ein Leben ohne finanzielle Sorgen geben, alles absolut unverbindlich und mit keinerlei Risiko für dich. Natürlich nur, wenn du das möchtest. Ich will dir hier absolut nichts aufdrängen.«

Er sieht mich skeptisch an und nimmt einen Schluck von seinem Bier.

»Na gut«, sagt er schließlich. »Dann schieß mal los. Was ist das Geheimnis eines finanziell sorgenfreien Lebens?«

»Das ist kein Geheimnis«, sage ich. »Du musst nur ein paar Sachen beachten und befolgen. Wie stehst du denn beispielsweise zum Thema Sparen?«

Jochen lacht.

»Das Thema Sparen? Das kannst du dir sparen!«, sagt er. »Ich war früher Punk. Eigentlich bin ich es heute noch, auch wenn ich nicht mehr so aussehe. Und als Punk passiert dir Sparen höchstens mal aus Versehen, wenn du die Pfandflaschen einen Monat lang nicht weggebracht hast. Außerdem habe ich gar nicht genug Geld, um etwas davon zu sparen. Als freier Schriftsteller kann ich mehr als froh sein, überhaupt davon leben zu können. Sparen ist bei mir absolut nicht drin.«

»Siehst du, und damit fängt es schon an«, sage ich. »Ich bin mir sicher, das stimmt nicht. Jeder kann sparen. Sparen ist wie Abnehmen oder Mit-dem-Rauchen-Aufhören. Wenn man es wirklich will, schafft man es auch.«

»Da hat er recht«, sagt Schorschi. »Ich habe schon

fünfmal aus reiner Willenskraft mit dem Rauchen aufgehört und es jedes Mal für mindestens zwei Tage geschafft. Dann wollte ich plötzlich nicht mehr aufhören und habe wieder angefangen.«

»Ein wirklich beispielloses Exempel unbändiger Willenskraft, Schorschi«, bemerkt Jochen.

»Sag ich doch«, sagt Schorschi. »Hat mal jemand 'ne Fluppe für mich? Am besten eine selbstgedrehte. Ich mag diese industriell gefertigten Filterkippen nicht, die sind ungesund. Und hochgradig umweltschädlich sind sie außerdem. Es dauert zehn bis fünfzehn Jahre, bis sie sich zersetzen, das ist eine Riesenschweinerei.«

Jochen schiebt ihm sein Tabakpäckchen über den Tresen, Schorschi fängt an, sich eine zu drehen.

»Mein Leitspruch, was das Sparen angeht, lautet: Zehn Prozent gehen immer«, sage ich.

»Zehn Prozent von was?«, will Jochen wissen.

»Zehn Prozent deines Einkommens pro Monat. Das ist immer drin, so viel kann jeder sparen. Wenn er es denn will.«

»Jeder? Ich weiß nicht«, sagt Jochen skeptisch. »Was ist denn zum Beispiel mit der alleinerziehenden Mutter, die von Hartz IV lebt? Ich bezweifle, dass so jemand einfach mal so nebenbei zehn Prozent sparen kann.«

»Einfach mal so nebenbei ganz bestimmt nicht«, sage ich. »Und du hast recht, das ist natürlich ein

Härtefall, da wird es schwierig. Unmöglich ist es aber nicht. Meine Nachbarin, zum Beispiel. Die lebt von Hartz IV und schafft es trotzdem, jeden Monat hundert Euro an ihren kranken Vater zu schicken. Weißt du, wo du im Alltag überall sparen kannst? Das ist den meisten Leuten nämlich gar nicht bewusst.«

»Was meinst du?«, fragt Jochen. »Nur bei Aldi einkaufen und beim Verlassen eines Zimmers immer das Licht ausmachen?«

»Das ist schon mal nicht schlecht für den Anfang«, sage ich lachend. »Es gibt aber noch viel mehr Möglichkeiten zum Sparen, einfache Möglichkeiten, vor allen Dingen. Du sollst ja nicht den Großteil deiner Zeit damit verbringen, dich um das Sparen zu kümmern. Eine halbe Stunde, vielleicht eine ganze pro Jahr reicht dafür schon.«

»Eine Stunde pro Jahr?«, sagt Jochen erstaunt. »Das klingt allerdings machbar. Sogar für jemanden wie mich, der sich alles andere als gern mit Geld beschäftigt.«

»Klar ist das machbar«, fahre ich fort. »Du kannst zum Beispiel einmal im Jahr viele monatliche Ausgaben auf ihr Sparpotential überprüfen. Stromanbieter, Handytarif, DSL-Tarif, Autoversicherung, das lässt sich heutzutage im Internet ruckzuck vergleichen, und da sind meistens ein- bis zweihundert Euro drin, die man pro Jahr sparen kann, bei Familien sogar noch mehr.«

»Ich soll jedes Jahr meinen Stromanbieter und das alles wechseln?«, erwidert Jochen. »Das klingt aber nicht nach nur einer Stunde Beschäftigung pro Jahr.«

»Nein, sorry, so meinte ich das nicht. Das sollst du nur ein einziges Mal machen, um das Sparpotential zu überprüfen. Du musst nicht jedes Jahr die Anbieter wechseln, das geht in den meisten Fällen ja auch gar nicht. Aber wenn du jetzt feststellst, dass du mit einem Wechsel ein- bis zweihundert Euro sparen kannst, dann solltest du zugreifen. Das Geld sparst du ja in den folgenden Jahren wieder. Nach zwei Jahren oder je nach Vertragslaufzeit überprüfst du das erneut und schaust, ob du wieder etwas sparen kannst.«

»Ah, okay, das klingt schon weniger nervig«, sagt Jochen.

»Und noch etwas zum Thema Strom«, fahre ich fort. »Es kommt ja vor, dass man eine Rückzahlung von seinem Energieanbieter kriegt. Oder von den Mietnebenkosten. Oder vom Finanzamt.«

»Ja«, sagt Jochen. »Ich zahle absichtlich jeden Monat zu hohe Nebenkosten und kriege deshalb immer etwas zurück. Das ist mir lieber als nachzuzahlen. Dieses Jahr waren es satte vierhundertzwanzig Euro.«

»Sehr gut. Und das sind genau vierhundertzwanzig Euro, die du locker zurücklegen könntest. Das Geld war ja quasi schon weg, du hast es im Lauf des Jahres nicht vermisst oder gar gebraucht, stimmt's?«

»Äh ... stimmt eigentlich.«

»Was hast du denn mit dem Geld gemacht?«, will ich wissen.

»Öh … Da muss ich kurz überlegen«, antwortet Jochen und kratzt sich nachdenklich am Hinterkopf. »Ach ja, das habe ich bei einem Wochenendtrip nach Brüssel mit meiner Freundin auf den Kopf gehauen. Hauptsächlich für Comicfiguren.«

»Und seid ihr da mit dem Auto oder mit der Bahn hingefahren?«, frage ich.

»Mit der Bahn«, antwortet er.

»Ihr wisst, dass man da auch ganz viel sparen kann? Bei der Bahn gibt es Rabatte und Spezialpreise, wenn man früh genug bucht. Dann kosten die Tickets nur einen Bruchteil vom normalen Preis.«

»Haben wir gemacht! Also, meine Freundin hat das gemacht. Sie hat da immer ein Auge drauf, wenn es ums Bahnfahren geht. Die Fahrt hat uns zu zweit gerade mal sechzig Euro oder so gekostet, und zwar erster Klasse, Hin- und Rückfahrt.«

»Sehr gut. Deine Freundin ist offenbar eine clevere Frau.«

»Das ist sie. Und wunderschön ist sie noch dazu.«

»Freut mich für dich«, sage ich lächelnd. »Und solche Ausflüge muss man sich auch mal gönnen, finde ich. Die vier Gs müssen schließlich gleichermaßen bedient werden.«

Auf Jochens Stirn erscheint ein großes Fragezeichen.

»Glücksforscher haben herausgefunden, dass zum

Glücklichwerden vier Notwendigkeiten gehören«, erkläre ich. »Gesundheit, Geld, Gesellschaft und Gene. Das Interessante daran ist, dass Geld die einzige Notwendigkeit ist, die man zu einem großen Teil selbst beeinflussen kann, eben durch Sparen und intelligentes Investieren.«

Das stand in einem der unzähligen Artikel, die ich gelesen habe. Es muss dabei nicht immer vordergründig um Geld gehen, mich interessiert einfach alles, was irgendwie dabei helfen kann, das Leben sorgenfreier zu gestalten.

»Ich weiß nicht«, sagt Jochen skeptisch. »Geld interessiert mich einfach zu wenig, um es beeinflussen zu wollen. Außerdem dreht sich mir immer der Kopf, wenn mir jemand etwas über Finanzen und Sparen erzählen will. Das kann fürs erste G nicht gut sein.«

»Keine Sorge«, sage ich lachend. »Ich erkläre dir das mit dem Sparen so, dass deine Gesundheit garantiert nicht gefährdet wird. Natürlich nur, wenn du es wirklich hören möchtest? Ich will dir hier nichts aufdrängen.«

»Nein, kein Problem«, sagt Jochen. »Ich höre mir das gern an, klingt bisher alles sehr vernünftig. Aber wenn du mir unbedingt etwas aufdrängen willst, würde ich noch ein Bier nehmen, wenn es nicht zu viel verlangt ist.«

»Alles klar«, sage ich lachend. »Moni, machst du bitte noch zwei Bier?«

Moni nickt und fängt an zu zapfen.

»Also, zum Thema Sparen«, fange ich an. »Wie gesagt, das ist...«

»Ich hätte auch einen Spartipp!«, unterbricht mich Schorschi von der Seite. »Wasser. Mal davon abgesehen, dass Wasser als Allgemeingut und unser aller Lebenselixier ohnehin nichts kosten sollte, aber das ist ein anderes Thema. Jedenfalls kann man beim Wasserverbrauch jede Menge Geld sparen, indem man so wie ich nicht täglich duscht. Das ist sowieso erwiesenermaßen schädlich für die Haut und unsere natürlichen Abwehrkräfte. Deswegen dusche ich gar nicht mehr, ich bade nur einmal die Woche.«

»Ach, du bist das«, sagt Moni grinsend. »Ich habe jeden Abend nach Feierabend nach der toten Ratte gesucht, die hier diesen beißenden Gestank verbreitet.«

»Das ist eine schamlose Unterstellung, Moni«, erwidert Schorschi. »Ich kann überhaupt nicht stinken, da ich mir mein eigenes Bio-Deo aus Natron und Limettenöl mische. Ich dufte wie ein italienischer Zitronenhain. Hier, schnupper mal.«

Er steigt auf einen Barhocker, beugt sich über den Tresen und streckt Moni seine rechte Achsel entgegen.

»Iiiih, nein, geh weg!«, ruft sie. »Ich will nicht an dir schnuppern, das ist eklig!«

Allgemeines Gelächter breitet sich am Tresen aus.

»Ich denke, dieser Spartipp eignet sich höchstens für alleinstehende Männer, die auch alleinstehend

34

bleiben wollen«, sage ich lachend. »Trotzdem, danke, Schorschi. Zurück zum Wesentlich...«

»Moment!«, unterbricht mich Schorschi. »Ich war noch nicht fertig! Der Clou kommt ja erst! Wie gesagt, ich bade einmal pro Woche lang und ausgiebig. Das Badewasser lasse ich hinterher aber nicht ablaufen, das bleibt drin. Und wisst ihr, warum? Das kann man nämlich wunderbar und völlig kostenfrei als Klospülung wiederverwenden. Einfach bei Bedarf das Badewasser mit einem Eimer aus der Wanne schöpfen. Meistens genügt sogar nur ein halber Eimer pro Sitzung, dann reicht es für die komplette Woche. Brillant, oder?«

Wir starren uns alle fassungslos an.

»Du schöpfst dein versifftes Badewasser aus der Wanne und spülst damit über die Woche verteilt deine Fäkalien im Klo runter?«, fragt Jochen. »Das klingt wirklich ekelhaft. Und sehr unhygienisch.«

»Wieso denn?«, erwidert Schorschi. »Man kann sich doch hinterher die Hände waschen, falls mal ein Spritzer danebengeht. Meine Seife stelle ich übrigens auch selbst her, mit Bienenwachs, das ist kinderleicht, kann ich euch gern mal zeigen.«

»Äh ... nein danke, Schorschi«, sagt Jochen. »Ich würde meine Freundin gern behalten.«

»Das war ein sehr gutes Beispiel, Schorschi«, sage ich und wende mich wieder an Jochen. »Für das, was ich *nicht* meine. Man muss sich beim Sparen nicht selbst kasteien, wie viele Leute denken. Es ist absolut nicht nötig, dein Badewasser ins Klo zu kippen, es gibt auch jede Menge vernünftige Möglichkeiten zu sparen, die weder dich selbst noch die Menschen in deiner Umgebung in irgendeiner Form beeinträchtigen.«

»Das klingt gut.«

»Prima«, sage ich. »Dann fangen wir mal an. Das mit dem Sparen läuft folgendermaß... Wobei, nein, anders, vorher gilt es noch etwas zu klären. Bevor wir uns ums Sparen kümmern können, gibt es eine wichtige Frage: Hast du Schulden?«

»Nein«, antwortet Jochen wie aus der Pistole geschossen. »Ich bin niemandem etwas schuldig, das halte ich schon immer so. Das gehört sozusagen zur Punker-Ehre. Schnorren, ja, Schulden, niemals.«

»Eine sehr gute Einstellung«, sage ich. »Aber bist du dir auch wirklich sicher, dass du keine Schulden hast? Kein Kreditvertrag bei der Bank? Keinen sündhaft teuren Plasmafernseher auf Raten gekauft, den du noch abbezahlst? Was ist mit deinem Auto? Gehört das dir, oder hast du einen Leasingvertrag oder eine Finanzierung laufen?«

»Ach so, mein Auto«, sagt er. »Ich mache immer Leasing. Und diesmal habe ich nach vier Jahren einen kleinen Kredit bei der Bank aufgenommen, um die Abschlussrate bezahlen zu können. Sind das in deinen Augen Schulden?«

»Ja, klar«, sage ich. »Das ist ein Kredit, den schuldest du der Bank. Und hinzu kommt, dass so ein Kredit ja nicht umsonst ist, dafür zahlst du ja Zinsen. Wie viel Prozent haben sie dir denn aufgedrückt?«

»Öh ... keine Ahnung«, antwortet Jochen. »Das hat mich nicht interessiert. Mir war nur wichtig, dass die Rate genauso hoch ist wie die Rate für das Leasing, damit sich an meinen monatlichen Kosten nichts ändert.«

»Und wie hoch wäre das?«

»Zweihundert Euro im Monat.«

»Hättest du auch mehr zahlen können?«

»Wahrscheinlich schon, ja. Ich glaube, dreihundert pro Monat wären auch drin gewesen.«

»Dann hättest du auf jeden Fall Geld gespart. Zinsen sind teuer, und je länger die Laufzeit, desto mehr kostet es dich. Wie lange musst du denn noch abbezahlen?«

»Hm, mal überlegen«, sagt Jochen grübelnd. »Das war vor drei Jahren, das sind sechsunddreißig Monate, also ... Es müssten jetzt noch zwei oder drei Monate sein.«

»Okay, dann lohnt es sich nicht mehr großartig, den Kredit früher abzulösen. Aber merk dir das für die Zukunft, Kredite sollten immer so schnell wie möglich abbezahlt werden.«

»Alles klar, merk ich mir.«

»Sonst hast du keine Schulden?«

»Nicht, dass ich wüsste.«

»Falls du dir nicht sicher bist, kannst du auch jederzeit deine SCHUFA-Auskunft anfordern. Das geht sogar einmal im Jahr kostenlos. Ich denke zwar nicht, dass das bei dir nötig ist, aber es gibt viele Leute, die den Überblick über ihre Schulden komplett verloren haben, da ist die SCHUFA dann schon hilfreich.«

»Als ich den Kredit bei der Bank beantragt habe, hatte ich die höchste Kreditwürdigkeitsstufe, oder wie das heißt. Zweimal A oder dreimal, keine Ahnung. Jedenfalls hat der Bankmensch gesagt, mit dieser Einstufung sei ein Kredit gar kein Problem.«

»Okay, dann hast du sicher keine Schulden«, stelle ich fest. »Das ist schon mal gut, dann kann es gleich mit dem Sparen losgehen.«

»Kurze Zwischenfrage. Bin ich mit fünfzig nicht eigentlich schon zu alt fürs Sparen? Macht das in diesem Alter überhaupt noch Sinn?«

»Du bist fünfzig?«, frage ich erstaunt. »Das hätte ich jetzt aber nicht gedacht. Du siehst nicht aus wie fünfzig. Ich meine, du wirkst irgendwie noch sehr … jung.«

»Danke«, sagt Jochen grinsend. »Für Kinder schreiben und Comicfiguren sammeln hält offenbar jung.«

»Ja, sieht ganz so aus«, sage ich. »Und ich weiß, fünfzig hört sich erstmal alt an, wenn es ums Sparen geht. Aber dafür ist man tatsächlich nie zu alt. Klar, je früher man damit anfängt, umso besser. Ich kenne jede Menge Leute, die sich wünschen, noch mal Anfang zwanzig zu sein, um in Sachen Finanzen alles besser machen zu können. Aber mit fünfzig ist es keinesfalls zu spät, das reicht sogar noch locker für die langfristige Variante. Uns geht es jetzt aber erstmal um das kurzfristige Sparen zwecks Bildung einer Rücklage.«

»Apropos Rücklage«, sagt Jochen und zeigt auf den Tisch mit den Würflern. »Vielleicht sollte man sich da mal drum kümmern, bevor es zu einer ruckartigen Schräglage auf dem Boden kommt?«

Einer aus Pauls Würfelrunde sitzt mit geschlossenen Augen auf seinem Barhocker und schwankt immer wieder bedrohlich nach hinten.

»Steffen!«, brüllt Moni zu ihm herüber. »Geh nach Hause! Du bist voll!«

Steffen schreckt auf und öffnet blinzelnd die Augen.

»Was denn?«, nuschelt er und greift wie ferngesteuert nach dem Würfelbecher. »Wer ist dran? Bin ich dran? Wo ist denn Paul? Immer noch aufm Klo? Ich hab Hunger. Moni, mach mir bitte noch ein Bier.«

»Nix gibt's«, sagt Moni und geht zu ihm an den Tisch. »Du hast mehr als genug. Komm, ich bring dich noch raus und stupse dich in die richtige Richtung.«

Sie hilft ihm behutsam vom Hocker herunter, er kratzt sich gähnend am Hinterkopf.

»Hast ja recht«, sagt er. »Genug ist genug. Wo ist denn meine Jacke?«

»Als du heute Nachmittag gekommen bist, waren es noch zweiunddreißig Grad draußen«, sagt Moni. »Du hast keine Jacke dabei.«

»Sehr gut«, sagt Steffen grinsend. »Dann kann ich sie auch nicht vergessen. Hab ich schon bezahlt?«

Moni hakt sich bei ihm unter und leitet ihn langsam in Richtung Ausgang.

»Das kannst du morgen machen«, sagt sie und legt seinen Deckel hinter den Tresen. »Sind auch nur zwölf achtzig.«

»Hi hi«, kichert Steffen. »Zwölf achtzig und rotzbesoffen. Irgendwas hab ich richtig gemacht heute.«

»Ich bezweifle stark, dass Tanja das ähnlich sieht, wenn du gleich nach Hause kommst«, sagt Moni grinsend.

»Hi hi«, kichert Steffen wieder. »Tanja ist gar nicht zu Hause. Sie ist die ganze Woche auf einer Fortbildung. Aber du darfst mich nicht verraten, okay? Ich habe ihr vor zwei Stunden gesimst, dass ich heute früh ins Bett gehe. Nicht verraten, hörst du?«

»Nein, keine Angst, ich verrate dich nicht«, sagt Moni. »Du weißt doch, als Kneipenbedienung unterliege ich der alkoholischen Schweigepflicht.«

»Hi hi, alkowohlische Leisepflicht«, lallt Steffen kichernd. »Der war gut. Hab ich eigentlich schon bezahlt?«

Moni verdreht die Augen und bugsiert ihn nach draußen.

»Ruckartige Schräglage erfolgreich verhindert«, bemerkt Jochen.

»Vorerst«, sage ich. »Er hat noch zweihundert Meter bis nach Hause.«

»Sorry, ich hatte dich unterbrochen«, sagt Jochen. »Du wolltest irgendwas über Rücklagen erzählen?«

»Genau. Sobald man keine Schulden mehr hat, was ja bei dir in zwei oder drei Monaten der Fall ist, sollte man anfangen, eine Rücklage für Notfälle zu bilden. Eine plötzliche Kündigung, dringend notwendige Anschaffungen, die Waschmaschine geht kaputt, irgendwas kann ja immer passieren. Dafür sollte man einen Betrag von ungefähr drei Monatsgehältern in der Hinterhand haben, damit man diese Zeit überbrücken kann, ohne in Schwierigkeiten zu geraten.«

»Klingt sinnvoll«, sagt Jochen. »Ich habe aber kein Monatsgehalt. Ich kriege mein Geld sehr unregelmäßig.«

»Ach so«, erwidere ich. »Du bist gar nicht bei einem Verlag festangestellt?«

»Ha ha, der war gut!«, sagt Jochen lachend. »Nein, das gab's vielleicht früher mal, und selbst dann nur bei Bestsellerautoren. Von den Verlagen kriege ich nur einmal im Jahr Geld, ganz selten wird auch halbjährlich abgerechnet. Und das reicht vorne und hinten nicht zum Leben. Ich verdiene mehr Geld mit Lesungen, aber die kommen eben sehr unregelmäßig rein.«

»Okay, das wusste ich nicht«, sage ich. »Das heißt, du kriegst so was wie Tantiemen für den Verkauf der Bücher, die dann ein- bis zweimal im Jahr abgerechnet werden?«

»Genau. Wenn ein Buch im Laden zehn Euro kostet, kriege ich davon fünfundvierzig Cent.«

»Ach, doch so viel?«, sage ich grinsend. »Dann bist du also selbstständig. Aber das tut für unser Thema jetzt nichts zur Sache, meine Spartipps sind allgemeingültig. Du kannst dein Jahreseinkommen ja auf zwölf Monate umlegen und dann auf drei Monate hochrechnen. Das ist auch nur ein ungefährer Wert, keine mathematische Wissenschaft. Wie viel verdienst du denn im Jahr? Oder willst du das nicht sagen?«

»Nein, kein Problem«, antwortet Jochen. »Ich weiß es allerdings nicht ganz genau. Ich gebe immer alles meinem Steuerberater, weil ich keine Lust habe, mich damit zu beschäftigen. Ich glaube, ich musste letztes Jahr nach Abzug aller Kosten ungefähr zwanzigtausend Euro versteuern.«

»Stimmt, das kommt ja bei dir als Selbstständiger noch dazu«, sage ich. »Du musst deine Steuern selbst abführen. Legst du denn dafür immer etwas zurück?«

»Nein«, antwortet Jochen. »Ich weiß, das sollte ich. Das bringt mich auch immer wieder in die Bredouille beim Finanzamt. Die wollen dann alles auf einmal und auch noch Vorauszahlungen und Umsatzsteuer und was weiß ich noch alles. Aber ich denke immer, was auf meinem Konto ist, ist meins. Ich weiß, das ist bescheuert, ist aber so.«

»Na ja, da bist du sicher kein Einzelfall unter den Selbstständigen, unter anderem deshalb gehen ja auch so viele pleite. Aber das lässt sich ganz leicht vermeiden. Mach ein zweites Konto auf und überweise immer dreißig Prozent deiner Einnahmen sofort darauf, wenn du sie kriegst.«

»Ja, aber dann habe ich doch ein Drittel weniger Geld.«

»Das sowieso nicht dir gehört. So kommst du nie mehr in Schwierigkeiten mit dem Finanzamt und weißt immer, wie viel Geld du tatsächlich zur Verfügung hast. Und glaub mir, da gewöhnst du dich ganz schnell dran, das merkst du nach einer Weile gar nicht mehr, weil du nur noch mit dem Geld auf deinem Hauptkonto rechnest.«

»Klingt vernünftig«, sagt Jochen und seufzt. »Aber ich wollte eigentlich nie vernünftig werden.«

»Keine Sorge, das tut nicht so weh, wie es sich anhört«, sage ich schmunzelnd.

»Ja, vielleicht probiere ich das mal.«

»Das ist die richtige Einstellung«, sage ich. »Und dann musst du nur noch regelmäßig ein bisschen mehr zurücklegen, bis du deine Rücklage angespart hast. Ich würde sagen, in deinem Fall wären fünftausend Euro angebracht.«

»Fünftausend? Das ist ganz schön viel«, stellt Jochen fest. »Wo soll ich die denn hernehmen?«

»Da wären wir wieder bei meinem Motto ›Zehn Prozent gehen immer‹«, sage ich. »Du legst einfach zehn Prozent deines Einkommens zurück. Oder auch mehr, wenn es geht. In deinem Fall würde ich zweihundert Euro pro Monat vorschlagen. Die müssten drin sein, oder?«

»Äh ... ich weiß nicht. Das klingt erstmal ziemlich viel.«

»Lass mich raten: Du hast keine Ahnung, wie hoch deine monatlichen Kosten sind.«

»Nö. Hauptsache, es reicht, und ich habe am Ende des Monats kein Minus auf dem Konto. Und das hat in den letzten paar Jahren eigentlich immer geklappt.«

»Dann bin ich mir ziemlich sicher, dass du die zweihundert pro Monat zurücklegen kannst. Dafür musst du aber erstmal wissen, wie viel genau du für was genau im Monat ausgibst. Miete, Versicherungen, Essen, Kleidung, Auto, Handy, Kneipe ...«

»Comics«, sagt Jochen. »Ich gebe ziemlich viel für Comics aus. Und Comicfiguren.«

»Ja, Comics, Unterhaltung allgemein, das kommt alles dazu. Um einen Überblick über all deine Ausgaben zu kriegen, wäre es am besten, wenn du einen Haushaltsplan erstellst.«

»Einen Haushaltsplan?«, sagt Jochen und verzieht angewidert das Gesicht. »Das klingt nach Arbeit.«

»Ach, keine Angst, so wild ist das gar nicht«, erwidere ich grinsend. »Du musst einfach nur aufschreiben, was du ausgibst. Du kannst auch einfach alle Belege sammeln und das dann einmal im Monat ausrechnen. Oder, du hast doch ein Smartphone. Da gibt es mittlerweile sehr effiziente und einfach gestaltete Haushalts-Apps. Hier, ich benutze auch eine, die ist super.«

Ich strecke ihm mein Smartphone entgegen und zeige ihm die App.

»Das ist alles schön übersichtlich in Kategorien eingeteilt«, erkläre ich. »Und an das Eintragen gewöhnst du dich schnell, das ist kein großer Aufwand. Damit hast du jederzeit einen detaillierten Überblick über deine Ausgaben und Einnahmen.«

»Okay, danke«, sagt Jochen. »Das guck ich mir mal genauer an.«

»Wenn du das drei Monate lang gemacht hast, weißt du, wie viel du im Durchschnitt wofür ausgibst. Und dann kannst du für jeden Posten ein Budget aufstellen. Zum Beispiel zweihundert Euro für Essen pro Monat, oder wie viel auch immer. Daran hältst du dich fest und gehst auf keinen Fall drüber. Die Budgets kannst du vorab so ausrechnen, dass die zweihundert für die Rücklage übrigbleiben. Moni macht das mit den Budgets zum Beispiel mit Marmeladengläsern. Stimmt's, Moni?«

»Was denn?«, fragt Moni, die gerade neues Spülwasser einlässt.

»Deine Marmeladengläser. Machst du das noch?«

Moni ist die Einzige hier, mit der ich schon mal über persönliche Finanzplanung gesprochen habe. Sie hat meine Tipps befolgt und jetzt laut eigener Aussage ein paar Sorgen weniger.

»Klar«, sagt sie. »Ich habe für alles ein Marmeladenglas. Klamotten, Schuhe, Supermarkt, Kino, alles, was Geld kostet. Am Anfang des Monats werden die Gläser mit einem bestimmten Betrag gefüllt, und mehr gebe ich dann für die einzelnen Sachen nicht aus. Das Klamotten-Glas ist meistens zuerst leer.«

»Bei mir wäre es das Bierglas«, sagt Schorschi. »Apropos, meins ist tatsächlich schon wieder leer. Einmal auffüllen, bitte, Moni.«

»Kommt sofort«, sagt Moni lachend. »Es wäre sehr praktisch, wenn sich meine Gläser auch so einfach wieder auffüllen ließen.«

»Es müssen auch keine Marmeladengläser sein«, sage ich zu Jochen. »Du kannst auch Briefumschläge nehmen oder die einzelnen Budgets nur schriftlich verwalten. Hauptsache, du hältst dich daran und kannst die zweihundert zurücklegen.«

»Okay. Aber dann dauert es ja fünfundzwanzig Monate, bis ich die fünftausend zusammenhabe. Das sind über zwei Jahre. Sagtest du nicht irgendwas von kurzfristig?«

»Wenn es ums Sparen geht, dann sind zwei Jahre kurzfristig«, erkläre ich. »Und das bedeutet ja auch nicht, dass du zwingend zwei Jahre brauchen musst, um die fünftausend zusammenzukriegen. Vielleicht geht das ja auch schneller, da kommen dann ja vielleicht zwei Stromrückzahlungen oder so was Ähnliches dazu. Könnte ja auch sein, dass du nächstes Jahr mehr verdienst. Das muss keine zwei Jahre dauern, das liegt ja an dir. Je schneller, desto besser.«

»Okay. Aber wenn zwei Jahre kurzfristig sind, was ist dann langfristig?«

»Beim langfristigen Sparen reden wir über fünfzehn Jahre, oder zwanzig, das ist nochmal ein ganz anderes Thema. Da können wir aber sehr gern drüber reden, wenn du so weit bist«, erkläre ich.

»Aha, okay, danke für das Angebot«, sagt Jochen. »Und wohin lege ich diese zweihundert pro Monat eigentlich genau? Unter mein Kopfkissen? Ich meine, du hast ja gesagt, die Banken wollen nur an einem verdienen.«

»Ausbeuter sind das allesamt!«, schimpft Schorschi. »Geldgeile Hundesöhne! Kapitalistische Schwerverbrecher!«

»Ganz so schlimm ist es dann doch nicht«, sage ich. »Als Dienstleister brauchen wir die Banken, da führt derzeit kein Weg dran vorbei. Von daher kannst du das Geld ruhig auf ein Sparkonto legen. Oder auf ein Tagesgeldkonto, am besten per Dauerauftrag, dann merkst du gar nicht, dass es dir fehlt. Gibt zwar in beiden Fällen nur geringe Zinsen, aber bei der

Rücklage geht es ja auch nicht darum, mehr daraus zu machen, das ist wirklich nur der Notgroschen. Und an den musst du jederzeit rankommen können, das ist das Wichtige, von daher ist ein Spar- oder Tagesgeldkonto am sinnvollsten. Du kannst es aber natürlich auch unters Kopfkissen legen, das bleibt dir überlassen.«

»Dann doch besser das Sparbuch«, sagt Jochen. »Wenn schon vernünftig, dann …«

»Verdammt, schon wieder verloren!«, unterbricht ihn Paul laut fluchend. »Jetzt reicht's aber. Moni, drei Kurze noch, bitte. Und dann kannst du mich abziehen.«

Moni macht die drei Kurzen und bringt sie an den Tisch.

»Du zahlst sicher mit Karte, oder?«, sagt sie zu Paul. »Kommst du dann vor an die Theke? Der Akku unseres EC-Geräts spinnt, ich muss es eingestöpselt lassen.«

»Kein Problem«, sagt Paul.

Er stößt noch einmal mit den Jungs an, kippt seinen Kurzen weg, steht auf und kommt an die Theke.

»Was kriegst du denn jetzt von mir?«, fragt er Moni.

»Du hast noch drei Runden verloren«, sagt sie. »Das sind vierundzwanzig, plus ein Bier, macht dann insgesamt neunhundertneunundvierzig vierzig.«

Paul zückt sein Portemonnaie und zieht seine EC-Karte heraus.

»Wenn ich dir fünfzig Euro Trinkgeld gebe, gehst du dann mit mir essen?«, fragt er grinsend.

»Wenn ich *dir* fünfzig Euro Trinkgeld gebe, hörst du dann endlich auf, mich anzubaggern?«, erwidert Moni ebenso grinsend.

»Niemals«, sagt Paul. »Du weißt doch, du bist meine absolute Traumfrau, Moni.«

»Na, dann träum mal schön weiter«, sagt Moni lächelnd und wirft ihm einen Luftkuss zu, während sie etwas in das EC-Gerät eintippt.

»Mach trotzdem tausend«, sagt Paul. »Für meine Traumfrau ist mir kein Trinkgeld hoch genug.«

»Vielen Dank«, sagt Moni und zwinkert ihm zu. »Dann kann ich ja auch zweitausend machen. Wie war noch mal gleich deine Geheimzahl?«

»Die verrate ich dir nach unserem ersten Kuss.«

»So alt wirst du nicht.«

»Wie alt müsste ich denn werden?«

»Hundert«, sagt Moni. »Mindestens.«

»Habt ihr das gehört?«, wendet sich Paul strahlend an uns. »Sie hat mir einen Kuss versprochen! In achtundfünfzig Jahren! Ihr seid meine Zeugen! Das gilt, Moni! Da gibt es keinen Rückzieher!«

Moni lacht.

»Kein Problem«, sagt sie. »Wenn du tatsächlich hundert wirst und ich dann noch lebe, kriegst du deinen Kuss. Aber jetzt musst du erst mal deine Geheimzahl eingeben. Komm rum.«

Paul tritt hinter den Tresen und tippt seine Geheimzahl ein. Das Gerät fängt an zu rattern.

»Brauchst du den Beleg?«, fragt Moni.

»Nein, danke. Dass ich tausend Euro in der Kneipe gelassen habe, brauche ich nicht auch noch schriftlich. Dann macht's mal gut, Männer! Bis morgen!«

Er winkt uns und seinen Würfelfreunden zum Abschied zu und verlässt den Laden.

»Wahnsinn«, sagt Jochen. »Tausend Euro in einem Monat. Ob das bei mir auch so viel ist?«

»Wenn du das mit dem Haushaltsplan machst, weißt du es bald.«

Wobei er natürlich recht hat – tausend Euro im Monat einfach mal so zu versaufen ist schon Wahnsinn. Was für ein Sparpotential! Wenn er nur die Hälfte davon sparen würde, sagen wir mal über dreißig Jahre, dann wäre er bei einem festen Zinssatz von zehn Prozent Millionär. Wobei es dafür noch nicht einmal fünfhundert Euro pro Monat braucht. Mit fünf Euro am Tag kommt man nach zweiundvierzig Jahren mit zehn Prozent Verzinsung ebenfalls auf eine Million. Das schafft Jochen mit einem Startalter von fünfzig wahrscheinlich nicht mehr, aber, wie gesagt, um mit dem Sparen anzufangen, ist es nie zu spät.

»Ich glaube, ich werde das tatsächlich mal versuchen mit deinen Tipps«, sagt Jochen. »Wenn du mir noch eins ausgibst, kann ich sogar sofort mit dem Sparen anfangen.«

»Klar, kein Problem«, sage ich lachend. »Moni, machst du uns noch zwei?«

»Was? Nein, das war doch nur ein Spaß!«, sagt Jochen. »Du hast mir schon zwei ausgegeben, das ist mehr als genug! Kann ja nicht sein, dass du mir hier die tollsten Spartipps gibst und selbst dabei arm wirst.«

»Ach, das mache ich doch gern«, sage ich. »Rein aus Neugier: War das jetzt irgendwie schlimm für dich? Ich meine, du hast ja gesagt, dass das eigentlich überhaupt nicht dein Thema ist.«

»Nö, war gar nicht schlimm, im Gegenteil. Du bringst das so locker rüber, dass ich gar nicht gemerkt habe, dass wir über das langweilige Thema Finanzen reden.«

»Sehr gut, freut mich, dass ich dich nicht gelangweilt oder genervt habe«, sage ich. »Ich finde nämlich, dass man dieses Thema durchaus auch unterhaltsam vermitteln und Leuten damit helfen kann. Was mich zu einer Frage bringt: Könntest du dir eventuell vorstellen, mit mir zusammen ein Buch über persönliche Finanzplanung zu machen?«

Seine Antwort kennen Sie bereits.

Sparen – das Wichtigste auf einen Blick

- *Keine Schulden*
- *Mindestens zehn Prozent des monatlichen Einkommens sparen*
- *Notgroschen anlegen (ca. drei Monatsgehälter)*
- *Jährlich Sparpotential prüfen*

MITTELFRISTIG in die Karibik

»Hoch soll sie leben! Hoch soll sie leben! Dreimal hooooooch!«

Oh ja, das soll sie. So hoch wie nur möglich. Ich finde, das hat man sich verdient, wenn man hundert Jahre alt wird. Ich habe mir schon oft die Frage gestellt, ob ich auch so ein hohes Alter erreichen möchte. Die Antwort: Alt werden will ich schon. Warum auch nicht? Irgendwann sollte man das Geld, das man sich fürs Alter angespart hat, auch genießen. Vorausgesetzt natürlich, man *kann* es noch genießen. Da wären wir wieder bei den vier Gs. Gesundheit kann man sich nicht kaufen, da gehört auch jede Menge Glück dazu. Und gute Erbanlagen. Die habe ich offensichtlich, wenn ich mir meine Oma heute angucke. Sie ist noch ziemlich fit. Klar, die Kraft lässt merkbar nach, sie kann nicht mehr lange stehen und legt die meisten Strecken mit dem Rollator zurück. Aber sie kann immerhin problemlos mit ihrer Familie in einem Restaurant Geburtstag feiern und erkennt auch noch jeden, der hier ist. Das ist das Wichtigste, der Kopf, da sollte noch möglichst alles funktionieren im Alter. Und das ist bei Oma Dorle so, von daher ist meine Hoffnung groß, dass es bei mir ähnlich sein wird. Trotzdem würde es mir, glaube ich, genügen, wenn ich neunzig werde. Neunzig ist ein stolzes Alter, da kann man nicht meckern. Die Frage ist ja auch: Wer ist dann überhaupt noch da, um mit einem den Hundertsten zu feiern? Bei mir könnte das eng werden. Anfang vierzig, unverheiratet, keine Kinder – als überzeugter Alleinstehender dürfte es schwierig werden, genug Leute für eine ordentliche Party zum ersten Dreistelligen zusammenzukriegen. Es werden ja schließlich nicht viele Freunde und Bekannte hundert Jahre alt. Von Omas alten Freundinnen ist auch nur eine einzige hier, sie ist knackige fünfundneunzig und hat vorhin versucht, mich zu küssen, weil sie dachte, ich sei ihr Mann, der vor sieben Jahren gestorben ist.

Nein, wenn ich es mir aussuchen könnte, würden neunzig Jahre reichen. Dann blieben mir auch diese unsagbar langweiligen Reden und das ganze Brimborium erspart, das so ein hundertster Geburtstag mit sich bringt. Zuerst hat der Bürgermeister eine Rede gehalten, das fand Oma auch noch gut, das hat ihr geschmeichelt. Genauso wie das Glückwunschschreiben vom Bundespräsidenten. Nun setzt aber der Herr Pfarrer gerade zu seiner Rede an, und Oma fallen schon fast die Augen zu.

»Sehr verehrte Jubilarin«, beginnt er. »Liebe Gemeindemitglieder und andere Anwesende. Wir sind heute hier in Gottes Angesicht versammelt, um ...«

Uns zu Tode langweilen zu lassen. Wenigstens sterben wir mit vollem Magen. Das Mittagessen war sehr lecker, Oma hat sogar ein komplettes Schnitzel mit Grüner Soße geschafft, das ist selten, meistens bleibt die Hälfte liegen. Ich hatte Schweinebraten mit Klößen. Das ist jetzt allerdings auch schon zwei Stunden her, so langsam könnte ich wieder etwas essen. Moment mal, was ist das denn? Meine Cousine kommt zurück an den Tisch, mit einem Teller voll Kuchen – und das meine ich wörtlich. Auf einem stinknormalen Kuchenteller stapeln sich ungelogen vier Stück Kuchen. Okay, nun wundert es mich nicht mehr, dass Cousine Sabine sich seit unserem letzten Familientreffen vor fünf Jahren verdoppelt hat. Vom Umfang her sind das jetzt zwei Cousinen, das ist nicht nur mir aufgefallen, mein Bruder hat diesbezüglich auch schon einen Spruch losgelassen.

»Guck mal, da kommt Sabine«, hatte ich zu ihm gesagt, als sie den Raum betrat.

»Ich weiß«, hat er mit einem Grinsen bemerkt. »Habe gerade eine Meldung von der Raumstation ISS gekriegt, die haben sie auch gesehen. Mit bloßem Auge.«

Ja, ich weiß, das ist nicht nett. Aber Sie kennen das doch sicher auch von Familienfesten: Es gibt immer ein Familienmitglied, das keiner leiden kann. Bei uns ist das Cousine Sabine. Wobei ich betonen möchte, dass das nicht an ihrer Körperfülle liegt – von mir aus kann und soll jeder so dick oder dünn sein, wie er möchte. Aber Cousine Sabine ist schlicht und einfach kein liebenswürdiger Mensch, war sie auch schlank noch nie. Mein Bruder und ich konnten sie schon als Kinder nicht leiden, weil sie immer gestänkert und uns verpetzt hat, wenn wir etwas angestellt haben. Mittlerweile ist sie vierzig, zweimal geschieden, permanent frustriert und immer noch unausstehlich. Ach ja, und chronisch pleite ist sie auch. Sie hat fünfstellige Schulden bei mindestens drei Kreditkartenanbietern, weil sie ständig Sachen im Internet bestellt, die sie sich nicht leisten kann. Zusätzlich schuldet sie so gut wie jedem in der Familie Geld, weil alle so blöd waren, ihr etwas zu leihen. Alle, außer mir. Ich verleihe grundsätzlich kein Geld an Leute, von denen ich weiß, sie zahlen es nie zurück. Trotzdem hatte ich ihr Hilfe in Form eines Beratungsgesprächs angeboten, woraufhin sie mich als Scheiß-Bänker beschimpft und einen Aschenbecher nach mir geworfen hat. Seitdem habe ich auch nicht mehr als die familienbedingt allernötigsten Worte mit ihr gewechselt. Nun bleibt mir aber leider nichts Anderes übrig, als sie anzusprechen, denn sie hat ausnahmsweise etwas, das ich auch sehr gerne hätte: Donauwelle.

»Wo gibt's denn das?«, frage ich und zeige auf ihren Teller.

»Nebenraum. Kuchentheke. Aber lass mir was übrig, sonst gibt's Ärger«, brummt sie.

Ich beschließe, nichts darauf zu antworten, erhebe mich von meinem Stuhl und mache mich auf die Suche nach dem Nebenraum.

Kurz darauf befinde ich mich im Kuchenparadies. Käse-, Schokoladen-, Apfelkuchen, Sahnetorte und meine heißgeliebte Donauwelle strahlen mich akkurat auf einem großen Tisch präsentiert an. Ich nehme einen Teller vom Stapel und stelle mich vor das verlockende Angebot. Da fällt die Auswahl schwer. Klar, die Donauwelle ist gesetzt, davon nehme ich gleich ein Stück. Aber was noch? Ein zweites Stück kann ich mir schon erlauben, es müssen ja nicht gleich vier sein wie bei Cousine Sabine. Essen könnte ich locker auch so viel, keine Frage, aber ich versuche mich dann doch irgendwie gegen die drohende Fettleibigkeit zu stemmen.

Der Schlankste bin ich nämlich auch nicht, die meiste Zeit des Jahres schleppe ich über hundert Kilo mit mir herum. Einzig im Februar unterschreite ich die Dreistelligkeit, was an meiner selbst auferlegten Fastenzeit von Januar bis Fasching liegt. Das ziehe ich tatsächlich jedes Jahr durch, dann achte ich penibel darauf, keine Mahlzeit mit mehr als vierhundert Kalorien zu mir zu nehmen und streiche Alkohol komplett aus dem Ernährungsplan, eine kleine Übung in Sachen Selbstdisziplin. Das funktioniert auch prima, in dieser Zeit nehme ich locker zwischen acht und zehn Kilo ab – die dann aber spätestens im Mai wieder drauf sind. Ich esse und trinke einfach zu gern, das ist das Problem. Aber, wie bereits erwähnt, mit dem Abnehmen ist das wie mit dem Sparen: Man muss es nur wollen, einen Plan haben und vor allem damit anfangen. Man sollte es nur nicht übertreiben. Beides muss gezielt angegangen werden, und man sollte dabei nicht schlecht gelaunt oder gar unglücklich werden.

Apropos Sparen und Abnehmen: Das lässt sich ganz wunderbar verbinden. Das habe ich bei meiner ersten Fastenzeit vor ein paar Jahren festgestellt. An Arbeitstagen habe ich mir jeden Morgen beim Bäcker drei belegte Brötchen geholt (sechs Euro), mittags ging es in Ermangelung einer betriebseigenen Kantine zum Essen in die Stadt (fünf bis fünfzehn Euro), und abends habe ich mir auf dem Heimweg noch schnell etwas auf die Hand geholt (drei bis sechs Euro). Ich habe also jeden Tag fünfzehn bis manchmal auch dreißig Euro für Essen ausgegeben, Softdrinks und das eine oder andere Bierchen in meiner Stammkneipe am Abend nicht mitgerechnet. Wenn wir davon als Mittelwert zwanzig Euro nehmen, sind das rund vierhundert Euro im Monat. Dies verglichen mit dem, was ich in meinen Diätwochen mit Selbstkochen, Ausschließlich-Wasser-Trinken und Abends-zu-Hause-Bleiben verbrauche, ergibt einen Sparbetrag von hundert bis hundertfünfzig Euro, die ich in dieser Zeit locker zurücklegen kann. Auf diese Art zeigen sich jedes Jahr im Februar nicht nur um die zehn Kilo weniger auf meiner Waage, sondern gleichzeitig sechs- bis achthundert Euro mehr auf meinem Sparbuch – eindeutig eine Win-win-Situation.

Nun haben wir allerdings gerade Dezember. Die zehn Kilo sind längst wieder drauf, und ich spare derzeit weder Kalorien noch das damit verbundene Geld, also kann ich mir ruhigen Gewissens ein zweites Stück Kuchen leisten. Aber was für eins? Erdbeerkuchen liebe ich ja auch sehr, doch im Dezember ist die Wahrscheinlichkeit dafür, dass es frische Erdbeeren sind, eher gering. Sahnetorte mag ich nicht so, die fällt dementsprechend weg. Käsekuchen. Ein gut gemachter Käsekuchen ist immer gut, und dieser sieht sehr schmackhaft aus. Ich packe ein Stück davon auf meinen Teller und trete den Rückweg zu Oma Dorle an. Als ich die Tür zum Hauptraum gerade öffnen will, hält mich eine zischende Stimme zurück.

»Psssst! Phil!«

Es ist eine weibliche Stimme, die ich kenne. Ich drehe mich um und sehe erwartungsgemäß Claudia, meine Schwägerin, vor der Treppe zu den Toiletten stehen.

»Phil!«, zischt sie wieder und winkt mich zu sich heran. »Komm mal bitte!«

Auweia. Was ist denn jetzt schon wieder passiert?

Claudia ist eine wandelnde Selbstzerstörungsmaschine. Ständig passieren ihr irgendwelche Sachen, die garantiert noch niemandem zuvor passiert sind. Neulich hat sie es tatsächlich geschafft, sich mit einem Dosenöffner in den Fuß zu schneiden. Jawohl, in den Fuß. Und zwar so gründlich, dass es mit vier Stichen genäht werden musste. Oder manchmal fällt sie einfach ohne Grund und Vorwarnung hin. Du läufst neben ihr her durch die Stadt, stellst plötzlich erstaunt fest, dass sie nicht mehr neben dir ist, drehst dich um und siehst sie auf dem Boden liegen. Das ist schon zweimal passiert, als ich dabei war. Und sie weiß dann selbst nicht, warum sie hingefallen ist, das geschieht einfach. Diese Frau ist echt eine wandelnde Katastrophe. Zum Glück gefährdet sie dabei grundsätzlich nur sich selbst. Wobei, das stimmt nicht ganz, manchmal bringt sie auch andere in Gefahr. Meinem Bruder hat sie einmal beim Dartsspielen in der Kneipe einen Pfeil in die Schulter geworfen. Als mein Bruder hinter ihr stand. Der Pfeil steckte richtig in seiner Schulter, ich habe ihn selbst herausgezogen. Wie sie solche Missgeschicke immer hinkriegt, weiß niemand, nicht einmal sie selbst. Auf jeden Fall sollte man stets vorsichtig sein, wenn man in ihrer Nähe ist.

Ich gehe langsam auf sie zu. Sie winkt immer noch hektisch.

»Phil!«, zischt sie. »Du musst mir helfen!«

Oh, oh. Ihr helfen? Was ist denn jetzt schon wieder passiert? Hat sie aus Versehen die Kloschüssel in Brand gesetzt?

»Was ist denn?«, frage ich, als ich bei ihr ankomme. »Alles okay bei dir? Hast du dich verletzt? Soll ich einen Krankenwagen rufen?«

»Nein, nein, alles in Ordnung«, sagt sie. »Ich brauche nur deinen Rat.«

»Ach so«, sage ich. »Kein Problem. Bleib am besten immer zu Hause, wickele dich in Schaumstoff ein und halte dich von scharfen Gegenständen fern.«

»Nein, doch nicht so einen Rat, du Scherzkeks«, erwidert sie und boxt mir spielerisch auf den Arm. »Es geht um Geld.«

Oh, das ist natürlich was Anderes. Ein Familienmitglied fragt mich in Sachen Geld um Rat? Das ist neu, da werde ich doch gleich hellhörig.

»Du kennst dich doch mit so was aus, oder?«, fragt sie mich. »Arbeitest du nicht sogar in einer Bank?«

Unglaublich, oder? Meine Schwägerin, die ich nun auch schon eine gefühlte Ewigkeit kenne, weiß nicht, was ich beruflich mache. Und es ist jetzt nicht so, als würden wir uns nur alle Jubeljahre über den Weg laufen, wir wohnen zehn Minuten voneinander entfernt und sehen uns mindestens ein Mal im Monat. Aber gut, wahrscheinlich weiß sie so etwas nicht, weil sie ständig damit beschäftigt ist, nicht hinzufallen.

»Wenn du mit *so was* finanzielle Angelegenheiten

meinst, ja, damit kenne ich mich aus«, sage ich. »Worum geht's denn?«

»Es geht um Jojo, also besser gesagt um uns.«

Jojo ist mein Bruder. Er heißt eigentlich Joachim und ist drei Jahre jünger als ich. Und er war bei seiner Geburt das größte Baby der Welt. Ungelogen. Also, zumindest der mir persönlich bekannten Welt. Für das Guinnessbuch der Rekorde wird es wahrscheinlich nicht reichen, aber ich habe noch nie von einem Baby gehört, das größer und schwerer zur Welt gekommen ist. Sechzig Zentimeter und fünf Kilo. Ich frage mich heute noch, wie meine Mutter das überlebt hat. Mittlerweile hat er aber zum Glück Normalgröße und ist leichter als ich.

»Du weißt doch, in vier Jahren haben wir unser Zwanzigjähriges«, fährt Claudia fort.

Nein, das wusste ich nicht. Wieso auch? Ich muss so was nicht wissen, ich bin Single.

»Eure Hochzeit ist schon sechzehn Jahre her?«, frage ich verwundert. »Das hätte ich jetzt nicht gedacht. Wahnsinn, wie die Zeit vergeht.«

»Nein, doch nicht unsere Hochzeit«, erwidert Claudia. »Wir sind dann zwanzig Jahre zusammen. Die Hochzeit war doch erst sieben Jahre später.«

»Okay«, sage ich schulterzuckend und überlege, ob es sehr unhöflich wäre, mir ein Stück Kuchen in den Mund zu schieben.

»Also, in vier Jahren ist unser Zwanzigjähriges«,

wiederholt Claudia. »Und ich habe mir überlegt, dass ich Jojo zu diesem Anlass gern eine Reise schenken möchte, die wir schon immer gern machen wollten.«

»Klingt gut«, sage ich. »Da freut er sich bestimmt. Wo soll's denn hingehen?«

»Wir wollten schon immer mal so eine ganz tolle Karibik-Luxuskreuzfahrt machen«, sagt Claudia. »Drei Wochen auf einem schönen Schiff, mit Außenkabinen, All-Inclusive und allem Pipapo. Aber Jojo darf davon nichts mitkriegen, das soll eine Überraschung werden, er soll es erst am Tag unserer Abreise erfahren, okay?«

»Das stelle ich mir schwierig vor. Für drei Wochen Kreuzfahrt braucht er ja drei Wochen Urlaub, den muss er doch vorher einreichen.«

»Nein, das habe ich alles schon mit seinem Chef geklärt. Der spielt mit, das ist kein Problem. Sobald ich die genauen Daten habe, muss ich nur Bescheid sagen, dann ist der Urlaub genehmigt.«

»Ich sehe, du hast an alles gedacht. Sehr gut.«

»Ja, das Organisatorische ist alles kein Problem. Die große Frage ist allerdings, wie ich das Geld zusammenkriege.«

»Verstehe. Drei Wochen Karibik-Kreuzfahrt sind sicher nicht billig. Zwölftausend?«

»Achtzehntausend«, seufzt Claudia. »Zumindest so was um den Dreh. Ich war in vier verschiedenen Reisebüros und habe ausführlich im Internet gesucht, unter achtzehntausend gibt es kaum Angebote, jedenfalls nichts, was meinen Vorstellungen entspricht.«

»Verstehe. Und du hast natürlich nicht mal eben achtzehntausend Euro zu viel auf dem Konto.«

»Natürlich nicht. Auf meinem Sparbuch sind dreitausend Euro, die habe ich mir über die Jahre nebenbei zurückgelegt, immer mal ein bisschen was.«

»Das ist schon mal sehr vernünftig«, sage ich. »Reicht aber natürlich nicht für die Karibik.«

»Genau. Aber es sind ja noch vier Jahre Zeit. Und da dachte ich, vielleicht hast du ja einen guten Tipp, wie ich das Geld bis dahin zusammensparen kann. Oder anlegen? Oder was auch immer? Ich habe … Oh, Mist! Da ist Jojo!«

Ich drehe mich um. Mein Bruder kommt gerade mit meinem Onkel aus dem Hauptraum. Die beiden sind in ein Gespräch vertieft, Jojo guckt nicht in unsere Richtung.

»Los, schnell!«, zischt Claudia, und im nächsten Moment werde ich am Arm um die Ecke gezogen.

Claudia sieht sich hektisch um. Ihr Blick fällt auf eine Tür direkt neben uns. Sie öffnet sie und zieht mich hinter sich her in einen kleinen Abstellraum. Als sie die Tür hinter uns schließt, wird es dunkel.

»Aua!«, flucht Claudia.

»Was ist passiert?«, will ich wissen.

»Keine Ahnung, hab mich irgendwo gestoßen.«

Wahrscheinlich an einem Stapel Tischtücher oder

so. Das kann sie nämlich auch: sich an Sachen stoßen, an denen man sich eigentlich nicht stoßen kann. Sie hat sich mal an einem Sitzkissen den kleinen Zeh gebrochen, ungelogen.

»Ist denn hier nirgendwo ein Lichtschalter?«, fragt sie.

Sie schaltet ihr Smartphone an und leuchtet mir damit direkt ins Gesicht.

»Ahhhh, ich bin blind!«, jammere ich zum Spaß.

»Jetzt stell dich nicht so an. Da, hinter dir ist ein Lichtschalter.«

Ich drehe mich um und drücke auf den Schalter, nichts passiert.

»Funktioniert nicht«, stelle ich fest.

»Ach, auch egal«, sagt sie und schaltet ihr Handy wieder aus. »Wir brauchen ja kein Licht zum Reden. Also, wo waren wir? Ach ja, Tipps, wie ich in vier Jahren achtzehntausend Euro bezahlen kann. Irgendeine Idee?«

»Klar«, sage ich. »Im Grunde genommen ist das ganz einfach. Wann genau brauchst du das Geld?«

»Ziemlich genau in vier Jahren. Die Reise soll im Dezember sein, über Weihnachten und Silvester.«

»Okay. Und dreitausend hast du schon?«

Ich warte auf eine Antwort, aber es kommt keine.

»Claudia?«, hake ich nach.

»Was denn? Ich hab doch genickt.«

»Es ist dunkel, Claudia. Meine Ohren sind zwar

nicht die schlechtesten, aber so gut, dass sie ein Nicken hören können, sind sie leider nicht.«

»Sorry«, brummelt Claudia.

»Also, du brauchst fünfzehntausend Euro in vier Jahren. Das sind achtundvierzig Monate. Das heißt … Hast du einen Taschenrechner auf deinem Smartphone? Meins liegt am Tisch.«

Sie tippt auf ihrem Handy herum und reicht es mir mit geöffnetem Taschenrechner.

»Hältst du mal bitte?«, frage ich und drücke ihr meinen Kuchenteller in die Hand.

Sie dreht sich, warum auch immer, von mir weg, ich fange an, die Sparrate und die zu erwartenden Zinsen auszurechnen. Ich bin zwar Finanzexperte, aber im Kopfrechnen war ich nie der Beste. Und gerade, wenn es sich um Geld dreht, sollte man lieber auf Nummer Taschenrechner gehen.

»So«, sage ich, nachdem ich alles durchgerechnet habe. »Ich wäre dann so weit.«

Claudia dreht sich zu mir um. Ihre Wangen sind vollgestopft, Krümel hängen in ihren Mundwinkeln, auf meinem Teller befindet sich ein Stück Käsekuchen weniger.

»Wie jetzt? Ich rechne mir hier für dich einen Wolf, und du futterst einfach meinen Kuchen?«, frage ich verwundert.

»Forry«, presst sie samt ein paar Krümeln zwischen den Lippen hervor. »Der fah fo lecker auf!«

Sie schluckt den letzten Bissen herunter.

»Stell dich nicht so an«, sagt sie grinsend. »Gibt ja bestimmt noch mehr Kuchen, wo der herkommt.«

»Das kommt drauf an, wie lang wir noch hier sein werden.«

»Na, dann lass dich nicht aufhalten«, erwidert sie. »Was hast du da eigentlich ausgerechnet?«

»Ich habe errechnet, dass du jeden Monat dreihundert Euro zurücklegen musst«, antworte ich. »Dann hast du in vier Jahren ziemlich genau fünfzehntausend zusammen.«

»Wie, dreihundert Euro jeden Monat? Von meinem Gehalt?«

Ich gebe ihr das Handy zurück, es wird wieder dunkel.

»Woher auch immer«, sage ich. »Ist das bei dir drin? Du verdienst doch nicht schlecht, oder?«

Sie arbeitet in der Marketingabteilung einer großen Lebensmittelfirma, da müssten eigentlich um die zweitausendfünfhundert netto drin sein. Allerdings führen sie und mein Bruder auch einen ziemlich ausschweifenden Lebensstil. Die Stadtwohnung allein dürfte locker tausendfünfhundert an Miete verschlingen.

»Na ja«, sagt sie. »Dreihundert Euro sind nicht gerade wenig. Aber das müsste möglich sein, wenn ich mich ein bisschen einschränke. Und das war's dann? Einfach nur dreihundert Euro pro Monat zurücklegen? Das ist alles? Da hätte ich jetzt von einem Bankfachmann doch mehr erwartet. Das klingt ja so, als könnte jeder halbwegs intelligente Schimpanse deinen Job machen.«

»Das stimmt«, sage ich lachend. »In meinem Job arbeiten auch viele halbwegs intelligente Schimpansen. Aber wir sind ja nicht fertig. Du musst noch wissen, wohin und wie genau du das Geld zurücklegen sollst.«

»Okay, schief lof«, sagt sie, und ich weiß, dass die Donauwelle sich gerade von meinem Teller verabschiedet.

»Gut, also«, beginne ich. »Du sparst jetzt erst mal ein Jahr lang die dreihundert Euro monatlich an. Am einfachsten geht das per Dauerauftrag auf ein separates Konto, dann ist das Geld gleich am Anfang des Monats weg und kann nicht mehr aus Versehen oder Lust und Laune ausgegeben werden.«

»Daf krieg ich hin«, nuschelt Claudia.

»Nach dem ersten Jahr hast du somit dreitausendsechshundert Euro«, fahre ich fort. »Die legst du dann auf einem Festgeldkonto für die nächsten drei Jahre fest, bis du das Geld tatsächlich brauchst. Ach so, ganz vergessen: Die dreitausend Euro, die du schon hast, kannst du natürlich sofort für vier Jahre auf ein Festgeldkonto legen. Das Gleiche machst du dann in den nächsten Jahren auch. Dreitausendsechshundert Euro ansparen und bis zum benötigten Zeitpunkt festlegen.«

»Aha. Und wo kriege ich das her, so ein Festgeldkonto?«

»Am besten fragst du bei deiner Hausbank«, sage ich. »Da kennt man sich und hat alles aus einer Hand, das finde ich grundsätzlich immer gut. Du kannst auch in diesen Vergleichsportalen im Netz gucken. Die Angebote dort sind auch okay und geben einen guten Überblick darüber, welche Zinsen aktuell am Markt gezahlt werden, unterscheiden sich aber nicht großartig von anderen. Letztlich wollen die auch nur alle etwas verkaufen.«

»Okay, ich habe ein ziemlich gutes Verhältnis zu meinem Bankberater, wir haben zusammen Abi gemacht, den frag ich mal. Muss ich auf irgendetwas Besonderes achten bei diesem Festgeldkonto? Dass es besonders fest ist oder so? Ha ha, sorry, ich stelle wahrscheinlich die dämlichsten Fragen überhaupt.«

»Schon in Ordnung«, sage ich. »Genau dafür bin ich ja da. Und keine Frage ist dämlich, wenn es um das eigene Geld geht.«

»Dann ift'f ja gut«, nuschelt Claudia.

Ich glaube, von meiner Donauwelle kann ich mich endgültig verabschieden.

»Bei einem Festgeldkonto geht es im Gegensatz zu einem Spar- oder Girokonto nicht um die ständige Verfügbarkeit«, erkläre ich. »Du brauchst das Geld ja erst in vier Jahren und musst in der Zwischenzeit nicht darauf zugreifen können. Deshalb gibt es bei einem Festgeldkonto auch mehr Zinsen. Je länger die Laufzeit, desto höher die Zinsen.«

»Zinfen? Daf hab ich ja noch nie kapiert mit diefen Zinfen. Wofür …«

Die Tür geht plötzlich auf, Licht fällt auf uns, wir blinzeln beide erschreckt nach draußen.

»Oh, Entschuldigung!«, sagt eine weibliche Stimme. Es ist eine der Bedienungen.

»Kein Problem«, sage ich. »Es ist nicht das, wonach es aussieht.«

»Waf meinft du?«, fragt Claudia mit vollem Mund. »Wonach könnte ef denn auffehen?«

»Na, du weißt schon«, sage ich. »Ein Mann, eine Frau, eine Wäschekammer.«

Sie sieht mich mit einem großen Fragezeichen auf der Stirn an.

»Boris Becker? Samenraub?«, versuche ich ihr auf die Sprünge zu helfen. »Das muss so 2000/2001 gewesen sein.«

»Ach fo!«, sagt sie und lacht schallend los, was zur Folge hat, dass das letzte Stück Donauwelle in meinem Gesicht landet. »Das meinst du! Du glaubst, sie könnte denken, dass du und ich hier …«

Sie wendet sich an die Bedienung.

»Nein! Nein! Das ist nur Kuchen in meinem Mund! Wir essen hier nur Kuchen!«

»*Du* isst hier nur Kuchen«, stelle ich fest. »*Meinen* Kuchen, wohlgemerkt.«

»Soll ich Ihnen vielleicht ein Stück Kuchen bringen?«, fragt die Bedienung.

»Oh, das wäre ganz entzückend«, sage ich. »Ein Stück Donauwelle, bitte. Aber deswegen sind Sie doch bestimmt nicht hier, oder?«

Sie sieht mich fragend an.

»Na, Sie hatten doch sicher einen Grund, diese Tür zu öffnen, oder?«

»Ach so, ja«, sagt sie und kratzt sich nachdenklich am Hinterkopf. »Irgendwas wollte ich hier. Was war das noch gleich? Ich wollte irgendwas holen. Ach ja, Servietten! Ich wollte Servietten holen, weil ich für heute Abend eindecken muss.«

»Die hier?«, fragt Claudia und zeigt auf ein Regal voller Servietten.

Die Bedienung nickt.

Claudia greift sich einen Stapel Servietten und reicht ihn der Bedienung.

»Pass auf, dass du dich nicht daran schneidest«, sage ich grinsend.

»Sehr witzig, du Scherzkeks«, frotzelt Claudia zurück.

Die Bedienung nimmt die Servietten entgegen.

»Also, ein Stück Donauwelle?«, fragt sie.

»Lieber zwei«, sage ich. »Mein Kuchen dezimiert sich im Dunkeln immer auf seltsame Art und Weise.«

»Ja, das Licht ist kaputt«, sagt die Bedienung. »Soll ich die Tür auflassen?«

»Nein, nicht nötig«, sagt Claudia. »Und verraten Sie bitte niemandem, dass wir hier sind.«

»Genau«, pflichte ich ihr bei. »Dies ist nämlich ein streng geheimes Kuchenessen. Wir sind Mitglieder der anonymen Kuchenjunkies. Wenn wir erwischt werden, dürfen wir nur noch Salzstangen essen.«

»Keine Sorge, ich verrate Sie nicht. Anonyme Kuchenjunkies sind mir nämlich äußerst sympathisch«, sagt die Bedienung lachend und schließt die Tür.

Es ist wieder dunkel.

»Also, wo waren wir?«, frage ich. »Zinsen, oder?«

»Ja. Das habe ich noch nie kapiert mit diesen Zinsen. Wofür kriegt man die eigentlich? Meistens muss man welche bezahlen, oder?«

»Zinsen sind die Kosten für Schulden. Wenn du dir von deiner Bank Geld leihst, musst du dafür Zinsen bezahlen. In deinem Fall ist es natürlich umgekehrt, du stellst der Bank Geld zur Verfügung, und dafür zahlt dir die Bank Zinsen.«

»Das ist aber lieb von der Bank. Und wer bestimmt, wie viele Zinsen mir die Bank zahlt? Der Chef der Bank?«

»Nein, den Leitzins bestimmt bei uns die EZB, die Europäische Zentralbank. Und daran orientieren sich die Banken.«

»Ach, das sind die mit dem hässlichen Hochhaus im Ostend, oder? Und die bestimmen, wie viele Zinsen ich kriege? Dafür braucht man doch nicht so einen Riesenklotz von Haus, da reicht doch irgendein Gemeindesaal oder so. Machen die sonst noch was?«

»Ja«, sage ich lachend. »Die machen schon auch noch andere Sachen. Unter anderem passen sie darauf auf, dass möglichst keine Bank pleitegeht. Aber jetzt geht es erst mal nur …«

Ein Klopfen an der Tür unterbricht mich.

»Ich habe hier Ihren Kuchen«, hören wir die Stimme der Bedienung.

Ich öffne die Tür, sie streckt mir einen Teller mit zwei Stücken Donauwelle entgegen. Claudia drängt sich an mir vorbei.

»Danke, den nehme ich«, sagt sie grinsend.

»Hey, das ist mein Kuchen!«, beschwere ich mich.

»Du hast doch extra zwei Stück bestellt«, erwidert Claudia. »Eins davon war ja wohl für mich, oder?«

Die Bedienung schließt die Tür wieder.

»Aber du hattest doch schon zwei!«, stelle ich fest.

»Na und? Hast du Cousine Sabine gesehen? Die hatte vier auf einmal.«

»In Cousine Sabine passt du aber auch locker viermal rein.«

»Jetzt lass mich doch, der Kuchen ist echt lecker. Ich esse auch nur das eine Stück, versprochen. Du hast doch gerade sowieso keine Zeit zum Essen, weil du mir das mit den Zinsen erklären musst. Wie viele Zinsen krieg ich denn dafür, dass ich der Bank so viel Geld leihe? Dreitausend? Viertausend? Mehr?«

Oh, da muss ich wohl jemanden auf den Boden der Tatsachen zurückholen. Das Zinsniveau war zwar schon deutlich höher als heute, aber so hoch, wie sie denkt, war es sicher noch nie.

»Für die ersten dreitausend solltest du einen wohlgemeinten Zinssatz von 2,5 Prozent bekommen, was fünfundsiebzig Euro pro Jahr entspricht«, sage ich nüchtern. »Welchen Zins du im folgenden Jahr kriegst, hängt immer vom aktuellen Zinsniveau ab. Zinsen steigen und fallen je nach wirtschaftlicher Gesamtlage. Das geht ständig auf und ab, aktuell liegen wir irgendwo in der Mitte bei ungefähr 2,5 Prozent. Insgesamt müsstest du laut meiner Rechnung auf plus/minus vierhundertfünfzig Euro Zinsen in den vier Jahren kommen.«

»Ach, doch fo viel«, nuschelt Claudia an meiner Donauwelle vorbei. »Kann ich irgendwo mehr Zinfen kriegen alf auf der Bank?«

»Ja«, antworte ich. »Wenn du Geldhai wirst, dann kannst du auch dreißig oder fünfzig oder hundert Prozent Zinsen verlangen. Dann musst du aber auch deinen Schuldnern irgendwelche Knochen brechen, wenn sie nicht bezahlen.«

»Ach, nee, laff mal, daf klingt nach Arbeit.«

»Die Höhe der Zinsen hängt immer vom Risiko ab. Wenn du dein Geld irgendwelchen zwielichtigen Gestalten aus der Unterwelt leihst, ist das Risiko, es nicht wiederzukriegen, sehr hoch. Deshalb verlangst du entsprechend hohe und ständig steigende Zinsen und hast ehemalige oder zukünftige Gefängnisinsassen als Mitarbeiter. Wenn du dein Geld einer Bank leihst, kannst du leider nicht bestimmen, wie viele Zinsen sie dir dafür bezahlen, aber dafür ist es auch sicher. Im EU-Recht ist verankert, dass du jede Einlage bei einer Bank auf einem Giro-, Spar- oder Tagesgeldkonto bis zu insgesamt hunderttausend Euro pro Person auf jeden Fall zurückkriegst. Und je länger du einer Bank das Geld fest zur Verfügung stellst, desto mehr Zinsen gibt es dafür. Da reden wir allerdings zurzeit von Summen zwischen einem und allerhöchsten drei Prozent, aber das ändert sich immer wieder. Ich habe jetzt mal für die dreitausend im ersten Jahr mit 2,5 Prozent gerechnet, danach jedes Jahr einen halben Prozentpunkt weniger.«

»Na ja, vierhundertfünfzig Euro sind ja besser als nichts«, sagt Claudia. »Und die kommen dann noch zusätzlich drauf, quasi als Taschengeld?«

»Nein, die sind schon mit eingerechnet, du kommst mit Zinsen ziemlich genau auf achtzehntausend, wenn du das so machst, wie ich es erklärt habe. Diese Methode funktioniert übrigens nicht nur bei Reisen, sondern mit allen Sachen, die man sich mittelfristig anschaffen will.«

»Okay, gut zu wissen. Irgendwann wird bei uns mal eine neue Küche fällig. Du kannst das deinem Bruder ja auch mal unauffällig erklären, vielleicht kommt er dann von selbst auf die Idee. Ich kümmere mich jetzt erstmal um die Reise. War's das, oder muss ich noch was wissen?«

»Nein, das war's eigentlich.«

»Und wenn ich morgen alles wieder vergessen habe, kann ich dich anrufen?«

»Klar, jederzeit, sehr gern.«

»Du bist der beste Schwager der Welt«, sagt sie. »Lass dich küssen.«

Sie versucht, mir einen Kuss auf die Wange zu drücken, rammt mir stattdessen aber ihre Stirn mit voller Wucht auf die Nase.

»Au!«, fluche ich.

»Oh, sorry!«, sagt sie kichernd. »Im Dunkeln ist meine Koordination nicht so gut.«

»Im Dunkeln?«, frage ich und taste vorsichtig meine Nase ab. »Bei deinen Koordinationskünsten kannst du froh sein, dass du dir bei der Aktion nicht den Fuß gebrochen hast.«

Meine Nase scheint okay zu sein, es ist kein Blut zu spüren.

»Ich glaube, wir gehen dann besser mal hier raus«, sagt Claudia. »Ich zuerst, okay? Hier, das war deiner, glaube ich.«

Sie drückt mir den Teller in die Hand, öffnet die Tür, sieht sich kurz um und schlüpft dann nach draußen. Licht fällt auf meinen Teller – der natürlich komplett leer ist. Na super. Das ist also der Lohn für ein exklusives Beratungsgespräch in der Wäschekammer: eine schmerzende Nase und kein Kuchen.

Ich warte noch kurz, dann mache ich mich auf den

Weg in den Nebenraum. Das Kuchenbuffet sieht ziemlich geplündert aus. Und natürlich ist kein einziges Stück Donauwelle übrig. Seufz. Ich packe zwei Stücke Käsekuchen auf meinen Teller und beschließe spontan, weil ich ein netter Mensch bin, meiner Cousine ein dickes Stück Sahnetorte mitzubringen.

Als ich zurück in den Hauptraum komme, traue ich meinen Ohren kaum – der Herr Pfarrer schwafelt immer noch.

»... und darum, sehr verehrte Frau Wolk, wünsche ich Ihnen noch viele weitere solche Feste im Kreis Ihrer Lieben. Mit Gottes Segen.«

Ah, sehr gut, er ist fertig. Was bin ich froh, die letzte halbe Stunde in der Wäschekammer verbracht zu haben, sonst wäre ich sicher auch eingeschlafen wie Oma Dorle.

Ich gehe an meinen Platz und stelle den Teller mit der Sahnetorte vor Cousine Sabine ab.

»Hier, hab ich dir mitgebracht«, sage ich lächelnd.

Sie starrt zuerst den Kuchen, dann mich an.

»Ey, geht's noch?!«, schreit sie plötzlich los. »Sahnetorte? Was soll das? Weißt du, wie viele Kalorien so ein Stück hat?«

»Äh ... na ja ... Ich wollte doch nur ...«, stammle ich verdutzt. »Du ... Du hattest doch vorhin schon vier Stück Kuchen und ...«

»Na und?!«, poltert sie weiter. »Ich kann ja wohl so viel Kuchen essen, wie ich will!«

»Ja ... klar«, sage ich. »Deswegen habe ich dir doch noch ein Stück mitgebracht. Ich dachte ...«

»Ich weiß, was du dachtest! Du dachtest, die ist schon fett genug, da macht so ein Stück Sahnetorte auch nichts mehr aus! Weißt du, was das ist? Das ist ganz übles Fat-Shaming! Als ob ich's nicht schon schwer genug hätte mit meinem Stoffwechsel! Du mieser Fat-Shamer!«

Im nächsten Moment klatscht ein Stück Sahnetorte in mein Gesicht. Donauwelle wäre mir lieber gewesen. Und eine neue Cousine hätte ich auch gerne. Aber wie heißt es so treffend? Seine Familie kann man sich nicht aussuchen. Seinen Finanzberater schon.

Mittelfristig anlegen – das Wichtigste auf einen Blick

RESTAURANT AM MARKT

- Zeitliches Sparziel und gewünschten Betrag bestimmen
- Monatlich benötigte Sparrate ausrechnen
- Geld auf separatem Konto ansammeln
- Jährlich anlegen auf Festgeldkonto

VERdammt, schon wieder die SICHERUNG!

»Mann! Fahr doch, du Penner! Wo hast du deinen Führerschein gemacht? Im Institut für Schlafforschung?!«

Ja, manchmal werde sogar ich laut und fluche wie ein Bierkutscher. Aber nur ganz selten. Und auch nur, wenn mich niemand dabei hören kann. Im Auto, nämlich. Wenn zum Beispiel wie jetzt gerade jemand vor mir auf eine grüne Ampel zufährt und dabei bremst. Dafür fehlt mir jedes Verständnis. Ich meine, er soll ja nicht extra Gas geben, das ist gar nicht nötig. Er soll nur ganz normal mit fünfzig weiterfahren, dann kommen wir locker beide über die Ampel. Was macht er denn jetzt? Er bremst noch mal ab. Das darf doch nicht wahr sein!

»Willst du hier parken, oder was?! Vollidiot!«

Zum Glück fahre ich nur sehr selten Auto, das ist nicht gut für meine unaufgeregte Grundhaltung. Einmal im Monat, öfter brauche ich kein Auto, seit ich mitten in der Stadt wohne. Am Anfang hatte ich noch ein eigenes Auto, aber nachdem es neunzig Prozent der Zeit nur auf einem angemieteten, teuren Platz in einem Parkhaus um die Ecke stand, habe ich es verkauft. Das kann ich jedem empfehlen, der in einer ähnlichen Lage wohnt, wo man mit öffentlichen Verkehrsmitteln überall und jederzeit relativ problemlos hinkommt. Ohne Auto spart man eine ganze Menge Geld. Kein Sprit, keine Versicherung, keine Strafzettel, keine Werkstattkosten, da kommt einiges zusammen. Und falls man doch mal ein Auto braucht, gibt es mittlerweile in jeder Großstadt das äußerst praktische Angebot des Car-Sharings. Da habe ich mich vor drei Jahren schon angemeldet, das funktioniert einwandfrei. Alles, was man dafür benötigt, ist ein Smartphone und die entsprechende App. Die Autos stehen in verschiedenen Größen überall in der Stadt verteilt, da nimmt man sich einfach ein freies, und wenn man fertig ist, stellt man es wieder ab. Das gibt es auch für Fahrräder, gerade im Sommer eine perfekte Alternative zu stickigen U-Bahnen oder Bussen in der Großstadt. Bei meinem Anbieter kostet so ein Auto vierundzwanzig Cent pro Minute, oder vierzehn Euro pro Stunde, oder achtzig Euro am Tag. Der Tagespreis ist sicher etwas hoch, da kriegt man teilweise bessere Angebote von Autovermietungen, aber wenn man wie ich heute nur ein Auto für zwei Stunden braucht, ist das absolut okay. Und tanken muss man auch nicht. So belaufen sich meine monatlichen Kosten für ein Auto auf achtundzwanzig Euro.

Außerdem benutze ich das Auto quasi zum Sparen, das bringt noch mal ein paar Euro. Ich hole nämlich meinen kompletten Monatsvorrat an Getränken im Großmarkt, das sind sechs Kisten Wasser, eine Kiste Cola/Fanta und eine Palette Dosenbier, wobei ich zu Hause nie Bier trinke, die sind für unterwegs, oder wenn ich mal Besuch habe. Ich habe nicht gern Besuch, das finde ich irgendwie ... doof. Umgekehrt sitze ich auch nicht gern bei anderen Leute zu Hause rum, das ist einfach nicht mein Ding. Ich treffe mich lieber mit Freunden oder Bekannten in der Stadt, in irgendeiner Kneipe, auf dem Markt, auf irgendwelchen Festen, das finde ich viel angenehmer, als in irgendwelchen Wohnungen zu sitzen. Aber egal, jedenfalls brauche ich für meinen allmonatlichen Getränkegroßeinkauf ein Auto und spare dabei trotzdem jede Menge Geld. Es sei denn, ich muss noch länger hinter diesem Deppen herfahren, dann zahle ich wahrscheinlich drauf. Was macht er denn jetzt?

»Nein! Nicht noch mehr abbremsen! Da ist grün! Grün heißt fahren, nicht einschlafen! FAHREN, DU SCHWACHKOPF!«

Ich hab's geahnt. Die Ampel schaltet auf Gelb. Und jetzt gibt er natürlich Gas und rauscht über die Kreuzung, während ich anhalten muss.

»Verfluchter Mistkerl!«, schimpfe ich ihm hinterher.

Zum Glück rege ich mich im Auto genauso schnell wieder ab, wie ich mich aufgeregt habe. Wenigstens bin ich den Kerl jetzt los, er ist abgebogen. Ein kurzer Blick auf die Uhr. Ja, das müsste noch reichen für meinen Termin. Und selbst wenn nicht, auf fünf Minuten kommt es bei Paula nicht an.

Vor dem Getränkeeinkauf steht nämlich noch ein anderer, monatlich notwendiger Termin an, den ich immer gleich mit erledige, wenn ich schon mal ein Auto habe. Wobei die Notwendigkeit dafür im wahrsten Sinne des Wortes von Monat zu Monat verschwindend geringer wird. Trotzdem halte ich an diesem Ritual fest – die Hoffnung stirbt bekanntlich zuletzt. Das hat zwar auch etwas mit Sparen zu tun, allerdings geht es dabei um eine Sparform, die ich absolut nicht gutheißen kann – das unfreiwillige Sparen. Dabei wird man durch unbeeinflussbare Umstände dazu gezwungen, etwas zu sparen, wovon man eigentlich gern viel mehr hätte. In meinem Fall sind das Haare. Kopfhaare, um genau zu sein. Mein Körper spart sich täglich mehr davon und zeigt dabei ein lästig großes Durchhaltevermögen. Mein Haaransatz zieht sich immer weiter zurück, als hätte er die entscheidende Schlacht in einem Krieg verloren, der nie zu gewinnen war. Nun bin ich zum Glück nicht so eitel und verzweifelt, dass ich versuchen würde, diesem unglücklichen Zustand mit irgendwelchen Wässerchen und vermeintlichen Wundermitteln entgegenzuwirken, das wäre mir dann doch zu albern. Es ist eben so, die Tage meiner Kopfbehaarung sind gezählt. Bis es aber endgültig so weit ist, gönne ich den letzten Überlebenden wenigstens einen gut coiffierten Lebensabend. Viel ist es nicht, was meine Haus- und Hoffriseurin Paula für sie tun kann, aber eine angenehm warme Wäsche mit Kopfmassage, ein bisschen Spitzen schneiden und Konturen rasieren soll ihnen und mir einmal im Monat einfach gegönnt sein.

Eine Viertelstunde später komme ich an und finde sogar einen Parkplatz direkt vor Paulas Laden. Paula hat mir schon die Haare geschnitten, als es sich noch gelohnt hat. Sie hat damals im Friseursalon ihres Vaters bei uns im Dorf gelernt, meine Haare sind praktisch mit ihr groß geworden. Vor ungefähr zehn Jahren hat sie allerdings festgestellt, dass die Liebe zu ihrer Schwägerin plötzlich größer war als die zu ihrem Mann. Paula machte daraus kein Geheimnis, ließ sich scheiden, zog zu ihrer Schwägerin in die Stadt und eröffnete dort einen eigenen Friseursalon. Den Laden gibt es immer noch, die Schwägerin nicht mehr – Paula hat vor drei Jahren festgestellt, dass die Liebe zur Café-Betreiberin nebenan plötzlich größer war als die zu ihrer Exschwägerin. Die beiden haben letztes Jahr geheiratet, ich war sogar eingeladen, war eine richtig gute Party.

»Hi Paula«, sage ich, als ich den Laden betrete.

»Hi Phil«, begrüßt sie mich mit einem Küsschen auf die Wange. »Alles fit?«

»Ich kann nicht klagen. Und bei dir?«

»Ach, frag nicht«, stöhnt sie. »Wir haben hier seit vorgestern Probleme mit der Elektrik, die Sicherung fliegt ständig raus. Der Vermieter wollte gestern schon jemanden vorbeischicken, kam natürlich keiner. Hoffentlich heute. Im Dunkeln Haare schneiden kann zwar zu witzigen Ergebnissen führen, aber das finden dann nur wir lustig, die Kunden eher nicht so.«

»Ja«, sage ich lachend. »Das kann ich mir vorstellen.«

»Setz dich doch schon mal ans Waschbecken«, sagt Paula. »Ich bin gleich bei dir.«

Ich nehme Platz. Paulas Auszubildende kommt und legt den Umhang um meinen Hals.

»Hallo Lisa«, begrüße ich sie. »Geht's dir gut?«

»Na ja, geht so«, sagt sie seufzend.

»Lisa hat nächsten Mittwoch Zwischenprüfung!«, ruft Paula von der Kasse herüber. »Sie ist seit zwei Wochen das reinste Nervenbündel! Gestern hat sie die aufgefegten Haare anstatt in den Mülleimer in die Einkaufstasche von Frau Müller-Hoffmann gekippt! Ich hab noch Stunden später gelacht!«

»Erinnere mich doch nicht daran«, sagt Lisa. »Was, wenn mir so was bei der Prüfung passiert? Das wird eine Katastrophe!«

»Ach, Quatsch«, ruft Paula. »Du wirst doch nicht im Haare-Wegwerfen geprüft! Mach dich nicht so verrückt! Du schaffst das! Du bist nämlich sehr gut! Hast ja schließlich bei mir gelernt!«

»Ich weiß«, sagt Lisa seufzend. »*Eigentlich* weiß ich das ja. Aber das hilft ja nichts. Das wird genauso laufen wie bei meinem Führerschein.«

»Das arme Ding ist zweimal durchgefallen!« ruft Paula. »Das war vielleicht ein Drama! Dabei fährt sie echt super!«

»Aber nur, wenn kein Prüfer hintendrin sitzt«, sagt Lisa. »Ich war so nervös, dass ich gleich beim ersten Mal drei Stoppschilder und eine rote Ampel übersehen hab. Und beim zweiten Mal hab ich fast eine Omi überfahren. Beim dritten Mal hat's dann gerade so geklappt.«

»Prüfungsangst?«, frage ich.

»Mega«, sagt Lisa. »Ich überleb das am Mittwoch nicht, das weiß ich jetzt schon.«

Oje, die Arme. Prüfungsangst hatte ich zum Glück nie, das muss schrecklich sein.

»Ich habe irgendwo gelesen, dass es hilft, wenn man seine Horrorszenarien vorher aufschreibt«, sage ich. »Dann hat man sie visualisiert, und sie verlieren ihren Schrecken. Keine Ahnung, ob das funktioniert, aber einen Versuch ist es vielleicht wert.«

»Ja, das probier ich mal«, sagt Lisa. »Ich bin für jeden Tipp dankbar.«

Paula kommt zu mir, legt meinen Kopf behutsam nach hinten im Waschbecken ab und dreht das Wasser auf. In diesem Moment geht das Licht aus.

»Verdammt, schon wieder die Sicherung!«, flucht

Paula. »Ist das Wasser jetzt auch an die Elektrik angeschlossen, oder was ist da los? Lisa, gehst du bitte runter?«

»Mach ich«, sagt Lisa.

Zwei Sekunden später hören wir ein Poltern.

»Pass auf die Shampookisten an der Treppe auf!«, ruft Paula.

»Zu spät!«, ruft Lisa zurück.

»Ein bisschen Sorgen mache ich mir ja schon«, flüstert Paula mir zu. »Sie ist doch sehr tollpatschig in letzter Zeit. Hoffentlich rammt sie bei der Prüfung niemandem aus Versehen die Schere in den Hals.«

Das Licht geht wieder an.

»Danke, Lisa!«, ruft Paula.

Kurz darauf ertönt wieder ein Poltern.

»Die Kisten, Lisa!«

»Verfluchter Mist noch mal! Darf ich einfach hier unten bleiben und sterben?«

»Auf keinen Fall! Du hast in einer halben Stunde Frau Kirschbaum zur Dauerwelle!«

»Auch das noch!«

Paula dreht das Wasser wieder auf, schraubt ein bisschen an der Armatur und lässt es dann in sanften Wellen über meinen Kopf laufen. Es hat die perfekte Temperatur, nicht zu heiß, nicht zu kalt – wie schafft sie das bloß jedes Mal? Gibt es eine allgemeingültige Wohlfühltemperatur fürs Haarewaschen? Lernt man das in der Friseurausbildung? Das frage ich jetzt lieber nicht, sonst verunsichere ich die arme Lisa wahrscheinlich nur unnötig.

Paula seift meine Haare ein und fängt an, meinen Kopf zu massieren. Oh, tut das gut. Allein dafür lohnt sich der monatliche Besuch bei Paula schon.

Als sie fertig ist, rubbelt sie meine Haare kurz mit einem Handtuch ab.

»Setz dich schon mal da rüber«, sagt sie und zeigt auf einen der Friseurstühle. »Ach ja, völlig vergessen: Wir haben eine neue Kaffeemaschine. Möchtest du einen?«

»Ja, gern«, antworte ich.

»Milch? Zucker?«

»Schwarz, bitte.«

Bei Kaffee bin ich im Vergleich zu den meisten anderen ziemlich leidenschaftslos. Nicht nur, was die Art, ihn zu trinken, sondern auch, was die Zubereitung betrifft. Mir ist es schnurzpiepegal, ob mein Kaffee aus einer sündhaft teuren italienischen Luxusmaschine, einer French Press oder einer profanen Kapselmaschine kommt. Zu Hause trinke ich sogar nur Nescafé. Und das nicht etwa, wie man bei mir vielleicht vermuten könnte, als Sparmaßnahme, sondern eher als Beleg für meine Faulheit. Ich finde das Zeug einfach praktisch, und es schmeckt mir sogar. Klar, nicht ganz so gut wie ein frisch zubereiteter Kaffee, aber auch nicht so schlecht, dass ich würgen müsste.

»Diese Maschine ist echt super!«, ruft mir Paula

zu. »Vorher habe ich den Kaffee für die Kunden ja immer nebenan bei Anke geholt. Jetzt muss ich nur noch auf einen Knopf drücken und kriege den feinsten Espresso. Oder Latte. Oder Milchkaffee. Was du willst. Sogar mit Schaum! Sicher, dass du nur schwarz willst?«

»Ja«, antworte ich.

»Okay, kommt sofort!«

Sie drückt auf einen Knopf an der Kaffeemaschine. Das Licht geht aus.

»Diese verfickte Sicherung!«, flucht Paula. »Ich dreh noch mal durch hier! Lisa! Keller! Aber pass auf die Kisten auf!«

»Schon unterwegs!«, antwortet Lisa.

Diesmal bleibt das Poltern aus. Zwei Minuten später geht das Licht wieder an, und Paula steht hinter mir.

»So, dann wollen wir mal«, sagt sie und lässt die Schere klappern. »Wie immer, nehme ich an?«

»Genau«, sage ich. »Spitzen und Konturen, das reicht.«

»Okay«, sagt Paula und fängt an zu schneiden. »Ach, ich Dussel, jetzt hab ich den Kaffee vergessen. Lisa, bringst du Phil bitte kurz seinen Kaffee?«

»Klar, gern«, sagt Lisa. »Das kann ich wenigstens.«

»Ist Kaffeebringen eigentlich auch eine Prüfungsaufgabe im Friseurhandwerk?«, frage ich.

»Nein, leider nicht«, sagt Paula lachend. »Wäre aber gut, dann hätte Lisa schon eine Eins sicher!«

»Magst du dann auch einen?«, fragt Lisa.

»Ja. Oder nein, besser nicht. Sonst fliegt gleich wieder die Sicherung raus.«

Paula fängt an zu schnippeln. Das Geräusch der klappernden Schere wirkt auf mich immer irgendwie beruhigend, ich weiß auch nicht warum. Ich schließe meine Augen und entspanne mich. Plötzlich ertönt ein Klappern, dann ein Klirren, und im selben Moment wird es in meinem Schritt ungewöhnlich feucht. Und heiß. Sehr heiß.

»Aaaaah!«, schreie ich erschreckt auf und öffne meine Augen.

Mein Schoß dampft. Eine Tasse liegt umgekippt zwischen meinen Beinen. Und Lisa kniet neben mir auf dem Boden.

»Oh, sorry!«, ruft sie panisch. »Das tut mir so leid! Ich bin gestolpert!«

Sie greift nach der Tasse und wischt mit einer Serviette in der anderen Hand hektisch in meinem Schritt herum, was es nicht unbedingt besser macht, weil sie dadurch den Kaffee auf meiner hellen Jeans nur noch großflächiger verteilt.

»Das ist mir noch nie passiert!«, jammert Lisa. »Das liegt alles nur an dieser Scheiß-Prüfung! Die Reinigung für die Hose bezahle ich natürlich! Tut's sehr weh?«

»Nein, geht schon wieder«, sage ich. »War nur der erste Moment, kein Problem. Und das mit der Hose ist nicht so schlimm, die kommt einfach in die Wäsche. Mach dich nicht verrückt, alles halb so wild, das kann doch jedem mal passieren.«

»Ich kann das auch der Versicherung melden«, sagt Paula. »Die bezahlen doch so was, oder?«

»Deine Betriebshaftpflicht? Ja, die würden das bezahlen. Ist aber echt nicht nötig, ist doch nur Kaffee. Und ich besitze sogar noch eine zweite Hose, also macht euch keine Gedanken.«

»Was, wirklich? Du besitzt *zwei* Hosen? Das ist ja sensationell!«, sagt Paula lachend. »Gut, dass du schon wieder Witze machen kannst. Aber im Ernst: Das können die ruhig mal bezahlen, ich habe meine Betriebshaftpflicht noch nie in Anspruch genommen. Und genau für so was ist die doch da, oder?«

»Ja, die würden das bezahlen«, sage ich. »Aber das ist doch viel zu viel Umstand. Du musst es melden, ich muss zweimal zur Reinigung latschen, du musst die Rechnung einreichen, und Wochen später kriege ich fünf Euro zurück. Das lohnt echt den Aufwand nicht.«

»Da hast du auch wieder recht«, stimmt Paula mir zu. »Dann kriegst du aber den Haarschnitt heute umsonst.«

»Ach, hör auf, das ist doch echt nicht nötig«, erwidere ich. »Das war nur ein kleines Missgeschick. Ich habe es überlebt. Alles gut.«

»Keine Widerrede, du bezahlst heute nicht«, sagt Paula.

»Na gut, danke«, sage ich. »Aber dann kann ich vielleicht etwas anderes für euch tun. Da wir es gerade von deiner Betriebshaftpflicht hatten: Seid ihr denn sonst ausreichend versichert? Oder vielleicht sogar *über*versichert?«

»Du kennst dich mit Versicherungen aus?«, fragt Paula. »Ich dachte, du bist Bänker?«

»Als Bänker sollte man sich immer auch ein bisschen mit Versicherungen auskennen«, sage ich. »Außerdem interessiert mich das Thema einfach, von daher bin ich diesbezüglich ständig auf dem Laufenden.«

»Es gibt nicht zufällig eine Versicherung gegen Prüfungsangst?«, fragt Lisa. »Die würde ich sofort abschließen. Oder gegen Tollpatschigkeit, das wäre auch gut.«

»Ich fürchte, gegen Prüfungsangst hilft keine Versicherung«, sage ich schmunzelnd. »Aber für Tollpatschigkeit außerhalb des Arbeitsplatzes ist die private Haftpflicht zuständig. Hast du denn eine?«

»Äh … keine Ahnung«, sagt Lisa. »Wahrscheinlich nicht. Ich habe überhaupt keine Versicherungen, glaube ich.«

»Na, *das* geht ja überhaupt nicht«, sage ich. »Es gibt ein paar Pflichtversicherungen, die *jeder* haben muss. Die Krankenversicherung, zum Beispiel. Jeder muss krankenversichert sein, egal ob angestellt oder selbstständig, das ist Pflicht. Genauso wie die Rentenversicherung, die ist auch Pflicht, sobald du irgendwo angestellt bist, das läuft über deinen Arbeitgeber. Ach ja, du hast doch gerade deinen Führerschein gemacht. Hast du denn ein eigenes Auto?«

»Ja«, sagt Lisa stolz. »Meine Mutter hat mir ihren kleinen Flitzer abgetreten, der ist echt mega!«

»Siehst du, dann hast du auch eine Autoversicherung. Ohne die kriegst du nämlich gar keine Zulassung.«

»Stimmt«, sagt Lisa. »Eine Autoversicherung habe ich. Die muss ich auch selbst zahlen, da haben meine Eltern leider gestreikt.«

»Wohnst du denn noch bei deinen Eltern?«, will ich wissen.

»Ja«, antwortet Lisa. »Aber sobald ich mit der Ausbildung fertig bin, ziehe ich mit meinem Freund zusammen.«

»Okay«, sage ich. »Wenn du noch bei deinen Eltern wohnst, bist du höchstwahrscheinlich noch in deren Haftpflichtversicherung mit drin, das ist meistens so. Aber frag vorsichtshalber mal nach, das kann nie schaden. Und dann frag am besten gleich noch deinen Freund, ob er eine private Haftpflicht hat, die würde nämlich auch für dich mit gelten, wenn ihr einen gemeinsamen Haushalt habt.«

»Das heißt, ich brauche doch keine Haftpflichtversicherung?«, fragt Lisa.

»Du musst wahrscheinlich keine eigene abschließen, aber du solltest auf jeden Fall haftpflichtversichert sein, das hilft in ganz vielen Fällen. Da bist du zum Beispiel sogar als Fußgänger oder Radfahrer versichert, falls du einen Unfall verursachst. Oder wenn ihr Kleinhaustiere habt, die in der Wohnung Sachen anknabbern oder das Parkett ruinieren, dann springt die Haftpflicht auch ein. Oder, wenn du den Haustürschlüssel verlierst und die ganze Schließanlage ausgetauscht werden muss. Das ist einer Freundin von mir mal passiert. Sie ist Lehrerin und hat den Schulschlüsselbund verloren. Zum Glück hatte sie drauf geachtet, dass bei ihrer Haftpflicht der Schlüsselparagraph mit drin ist. Das ist nicht automatisch so, sollte aber gerade, wenn man berufliche Verantwortung für Schlüssel hat, unbedingt aufgenommen werden. Die ganze Aktion hat dreißigtausend Euro gekostet, da hätte meine Freundin ohne Privathaftpflicht ganz schön alt ausgesehen.«

»Okay, das klingt so, als sei das tatsächlich eine Tollpatschversicherung«, sagt Lisa. »Ich kläre das gleich morgen mal mit meinen Eltern und meinem Schatzi ab. Ach so, eine Versicherung habe ich übrigens doch, fällt mir gerade ein: meine Handyversicherung.«

»Das war ja klar«, sagt Paula und wirft mir über den Spiegel einen leicht genervten Blick zu. »Sie vergöttert ihr Handy. Sie denkt, sie kann ohne das Ding nicht überleben. Alle zwei Sekunden hat sie drauf geguckt, bevor ich es ihr während der Arbeitszeit verboten habe. Und siehe da: Sie lebt noch!«

»Das ist wichtig«, sagt Lisa verteidigend. »Sonst krieg ich doch gar nicht mit, was in der Welt passiert.«

»In der Welt?«, wiederholt Paula lachend. »Du weißt schon, dass die Welt nicht YouTube heißt und ihr Fortbestand keinesfalls von Schmink-Tutorials abhängt?«

»Da gibt's aber echt richtig coole!«, erwidert Lisa. »Da kann man voll viel lernen, und es gibt ganz tolle Tipps.«

»Ich hätte auch einen ganz tollen Tipp für dich«, sage ich. »Wenn du dir das nächste neue Handy kaufst, lass das weg. Die braucht nämlich niemand. Leg das Geld, das du dafür monatlich bezahlst, lieber zu Hause in eine Spardose und greif darauf zu, falls irgendwas mit deinem Handy ist. Den vollen Preis kriegst du bei so einer Versicherung sowieso nicht ersetzt, die erstatten immer nur den aktuellen Wert. Wenn du dieses Geld selbst ansparst, hast du auf jeden Fall etwas davon, vor allem, wenn gar nichts mit deinem Handy passiert. Bei einer Versicherung ist das Geld einfach weg.

Das gilt übrigens für viele Versicherungen, die man sich sparen sollte. Eine Brillenversicherung, zum Beispiel, oder Sterbegeld, genau das Gleiche. Oder alle Versicherungen, bei denen Beitragsrückgewähr im Namen steht, die sind nichts weiter als Versicherungen mit zusätzlichem Sparplan. Sparen kann man selbst besser, dafür braucht man keine Versicherung. Grundsätzlich sollte man Versicherungen nur für das nutzen und bezahlen, wofür sie ursprünglich mal erfunden wurden, nämlich die Absicherung eines Risikos. Dafür zahlt man einen Betrag, der bei Nichteintreten des Risikos weg ist und bei Eintreten die entsprechende Absicherung auslöst. Apropos Risiko: Verreist du öfter? Ins Ausland, meine ich?«

»Ich war mit meiner besten Freundin in Holland, gleich, als ich meinen Führerschein geschafft habe«, sagt Lisa. »Und nächstes Jahr wollen wir über Ostern zum Skifahren nach Österreich, und im Sommer möchte ich mit meinem Schatzi nach Spanien. Ich bin gern im Ausland, so oft wie möglich.«

»Dann solltest du dir unbedingt eine Reisekrankenversicherung zulegen«, sage ich. »Das kann ich eigentlich jedem empfehlen, der ab und zu im Ausland ist. Die kostet auch so gut wie nichts, um die zehn Euro im Jahr.«

»Zehn Euro nur?«, wundert sich Lisa. »Das ist ja voll billig, das mach ich auf jeden Fall.«

»Hab ich auch«, sagt Paula, während sie wieder damit beginnt, an meinen Haaren herumzuschnippeln. »Hat mir mal einen Frankreichurlaub gerettet, weil ich sonst an Zahnschmerzen gestorben wäre.«

»Ja, wie gesagt, das ist eine Versicherung, die tatsächlich sinnvoll ist und die sich auch jeder leisten kann«, erkläre ich.

»Das mit dem Sich-leisten-Können vergisst mein Versicherungsfuzzi gern mal«, sagt Paula. »Wenn ich alle Versicherungen abschließen würde, die er mir empfiehlt, bräuchte ich einen zweiten Job, um sie überhaupt bezahlen zu können.«

»Genau das ist ja das Problem mit den Versicherungen«, sage ich. »Wenn du viel Geld hast, brauchst du eigentlich keine, und wenn du wenig Geld hast, kannst du dir die meisten nicht leisten. Ich hab mal rein aus Interesse für mich ausgerechnet, was es kosten würde, mich gegen alles Mögliche zu versichern. Ich kam auf tausend Euro pro Monat.«

»Das ist ja Wahnsinn«, sagt Paula. »Das kann sich doch kein Normalverdiener leisten. Und ich als Friseurin schon gar nicht.«

»Eben. Und deshalb musst du genau gucken, was du dir leisten kannst und was nicht, und auch, was dir wichtig ist und was nicht. Es gibt aber drei Versicherungen, die man sich auf jeden Fall leisten *sollte*, wenn es irgendwie möglich ...«

Das Licht geht wieder aus.

»Ich dreh noch mal durch hier!«, stöhnt Paula. »Wieso denn jetzt schon wieder? Wir haben noch nicht mal was angefasst! Lisa, wärst du so lieb?«

»Schon unterwegs«, sagt Lisa.

»Und pass ...«

»... auf die Kisten auf, ja ich weiß.«

Lisas Schritte entfernen sich, ein Poltern bleibt aus.

»Ach so, ganz vergessen, sorry«, sagt Paula. »Wolltest du jetzt eigentlich noch einen Kaffee?«

»Nein, danke«, sage ich. »Meine Hose wird gerade wieder trocken.«

»Irgendwas Anderes? Ein Wasser, vielleicht?«

»Danke, alles gut bei mir.«

Das Licht geht wieder an, kurz darauf kommt Lisa zurück.

»Puh«, ächzt sie. »Wenn das so weitergeht, müssen wir mal über Kilometergeld und eine Gefahrenzulage reden.«

»Du kannst heute früher gehen, das muss als Kilometergeld reichen«, sagt Paula. »Natürlich erst, wenn du mit Frau Kirschbaum fertig bist.«

»Wohl eher sie mit mir«, stöhnt Lisa. »Die Frau macht mich jedes Mal fix und fertig. Gibt es eigentlich eine Versicherung gegen extrem pingelige Kundinnen?«

»Die würden mit Sicherheit nicht nur Friseurinnen abschließen«, sage ich lachend. »Als ich in meiner Ausbildung noch Schalterdienst hatte, hätte ich mir so was auch gewünscht. Kunden können echt die Pest sein. Anwesende hoffentlich ausgeschlossen.«

»Ach, Phil, du weißt doch, dass du einer meiner absoluten Lieblingskunden bist«, sagt Paula und drückt mir von hinten einen Kuss auf die Wange. »Wir haben dich so gern, dass wir dir sogar Kaffee in den Schritt schütten. Das machen wir nicht für jeden.«

»Oh ja, ich fühle mich außerordentlich geehrt und weiß das sehr zu schätzen«, sage ich lachend.

»Das wollen wir dir auch geraten haben! Sonst müsste dir Lisa noch etwas überschütten, wofür sich die Meldung an die Versicherung auch lohnen würde. Genau, du wolltest doch gerade noch etwas sagen. Irgendwas mit drei Versicherungen, die man haben muss?«

»Haben *sollte*«, sage ich. »Sofern man sie sich leisten kann. Wobei das bei der privaten Haftpflicht nicht das Problem ist. Die gehört zu den dreien, kostet aber nicht viel, die kann sich jeder leisten.«

»Das stimmt«, sagt Paula. »Ich zahle für meine irgendwie um die hundert Euro im Jahr. Kann das sein? Das klingt so wenig?«

»Nein, das kommt schon hin, so was in der Richtung zahle ich auch. Anders ist das leider bei der zweiten Versicherung, die man haben sollte: eine Berufsunfähigkeitsversicherung.«

»Ach, die braucht man wirklich?«, fragt Paula. »Mein Versicherungsheini versucht schon seit Jahren, mir eine anzudrehen. Aber die war mir immer zu teuer.«

»Ja, das ist das Problem. Vor allem wird sie mit zunehmendem Alter teurer. Man sollte sie eigentlich so früh wie möglich abschließen, am besten, sobald man ins Berufsleben einsteigt und nichts Anderes mehr vorhat. Also, kein Studium oder so, dann wird es schon wieder schwieriger, sich das zu leisten. Eine zu haben ist aber schon gut. Heutzutage wird jeder Vierte irgendwann in seinem Arbeitsleben berufs- oder sogar komplett erwerbsunfähig. Da ist ein Schutz gegen den möglichen Verdienstausfall ratsam. Je älter du bist, desto schwieriger wird es allerdings, überhaupt so eine Versicherung zu kriegen. Oder bestimmte Risikoberufsgruppen, wie zum Beispiel Dachdecker, die kriegen von vornherein keine. Für euch wird es auch schwierig, der Friseurberuf gehört ebenfalls zu den Risikogruppen.«

»Wegen der Kellertreppe?«, fragt Lisa scherzhaft.

»Nein, unter anderem, weil ihr viel mit Chemikalien hantiert«, erkläre ich. »Es gibt Abstufungen von Berufsgruppe zu Berufsgruppe. Grundsätzlich ist es aber ziemlich simpel eingeteilt. Wenn du in einem Büro arbeitest, kriegst du eine Berufsunfähigkeitsversicherung, wenn du nicht in einem Büro arbeitest, sinken die Chancen rapide. Aber Vorsicht: Manchmal werden Versicherungen für die Hochrisikogruppen angeboten, bei denen die Hauptursachen für eine Berufsunfähigkeit in diesen Jobs explizit rausgenommen werden. Zum Beispiel bei Maurern, da sind Rückenschäden nicht mitversichert, aber fast jede Beeinträchtigung wird auf den Rücken geschoben, und dann muss nicht gezahlt werden.«

»Was, echt? Das ist ja sehr perfide«, sagt Paula. »Dann kommt das für mich aber doch eher nicht infrage?«

»Ich fürchte, für dich ist es zu spät, das wird viel zu teuer, falls du überhaupt eine kriegst«, antworte ich. »Für Lisa würde das eventuell noch Sinn machen, ist aber wahrscheinlich auch schon sehr teuer. Und man muss sich absolut sicher sein, dass man die Beiträge bis zum Laufzeitende lückenlos bezahlen kann und will. Meistens schließt man so etwas bis zum Renteneintritt ab, und falls man mal nicht bezahlen kann oder vorher stirbt, sind alle Beiträge futsch.«

»Nein, das ist definitiv nichts für mich«, sagt Paula. »Gibt es denn da noch eine Alternative oder so?«

»Was es noch gibt und für euch auch sinnvoll wäre, ist eine Unfallversicherung«, sage ich.

»Die ist dann aber wirklich für die Kellertreppe, oder?«, fragt Lisa.

»Ja, sozusagen«, antworte ich. »Wobei alles, was hier bei der Arbeit passiert, sowieso von der betrieblichen Unfallversicherung abgedeckt ist, die alle Angestellten absichert. Das gilt übrigens auch für den Hin- und Rückweg. Wenn du nachher auf dem Heimweg einen Unfall hättest und berufsunfähig würdest, würde das bezahlt. Anders ist das, wenn du zu Hause die Kellertreppe runterfällst, dafür brauchst du dann eine private Unfallversicherung. Von der kriegst du dann einen Einmalbetrag, je nach Schwere der Verletzungen. Da gibt es zum Beispiel eine Gliedertaxe, dort ist geregelt, wie viel du für welche Körperteile kriegst, falls sie dir bei einem Unfall abhandenkommen.«

»Was echt? Das wusste ich auch noch nicht«, sagt Paula. »Wie viel kriegt man denn für einen Finger?«

»Das weiß ich gerade nicht«, antworte ich. »Mit Sicherheit weniger als für einen Kopf.«

Die beiden lachen.

»Auf jeden Fall wärt ihr dann bei Unfällen abgesichert, egal, ob bei der Arbeit oder zu Hause. Das ist zwar kein Ersatz für eine Berufsunfähigkeitsversicherung, aber besser als gar nichts.«

»Ach so, okay, alles klar«, sagt Paula. »Das hört sich ja schon vernünftig an. Und das kann man sich auch als Friseurin oder Auszubildende leisten?«

»Ja«, sage ich. »Ich habe eine, die kostet mich siebenundzwanzig Euro im Monat. So hoch wird es bei dir auch in etwa sein.«

»Ich glaube, das mach ich«, sagt Lisa. »Bei meiner Tollpatschigkeit kann das sicher nicht schaden.«

»Ja, klingt sinnvoll«, stimmt Paula zu. »Das werde ich wohl auch machen. Was ist denn mit einer Hausratversicherung? Die versucht mein Versicherungshansel mir auch jedes Mal anzudrehen.«

»Na ja, eine Hausratversicherung ist Geschmackssache«, sage ich. »Kommt drauf an, wie wichtig und wertvoll dir dein Krempel ist. Bei mir könnten sie ruhig einbrechen und alles klauen oder kurz und klein hauen. Mir wäre das egal, das Zeug hat nicht mal sentimentalen Wert, darum hab ich auch keine Hausrat. Wenn ich mich jetzt in einer neuen Wohnung komplett neu einrichten würde, würde ich eventuell noch mal drüber nachdenken. Falsch macht man damit jedenfalls nichts, kostet ja auch nicht viel, hängt mit von der Quadratmeterzahl ab.«

»Na ja, wir haben ja gerade erst zwei Haushalte zusammengelegt, und Anke hat ziemlich wertvolle alte Möbel, da kommt schon was an Wert zusammen. Von daher wäre das schon sinnvoll, denke ich.«

»Wie gesagt, das ist Geschmackssache«, sage ich. »Eine Hausratversicherung hat schon auch Vorteile, von denen die meisten nichts wissen. Wenn dir im Urlaub zum Beispiel die Kamera aus dem verschlossenen Hotelzimmer geklaut wird, dann übernimmt das auch die Hausrat. An deiner Stelle würde ich aber zuvor eher eine kleine Risikolebensversicherung abschließen, um deine Familie abzusichern. Hast ja jetzt sogar ein Kind. Das Mädchen, das euch die Ringe gebracht hat, das war doch Ankes Tochter, oder?«

»Du meinst das Monster aus erster Ehe?«, fragt Paula. »Ja, ich habe sie sogar adoptiert. Und ich frage mich jeden Tag, ob im Kleingedruckten des Adoptionsvertrags irgendwo steht, dass ich das Recht habe, sie mindestens einmal täglich kurz kräftig zu würgen. Eins kann ich dir sagen: Teenager sind echt die Pest, so was schaff ich mir garantiert nicht noch mal an.«

»Hey, ich bin auch ein Teenager«, beschwert sich Lisa.

»Du bist neunzehn, das zählt nicht mehr, du bist

aus dem Gröbsten raus«, erwidert Paula. »Aber jede Wette, mit vierzehn warst du auch die Pest.«

»Mit vierzehn waren wir alle die Pest«, füge ich hinzu. »Aber unsere Eltern haben's trotzdem überlebt, also wirst du es auch überleben. Und falls nicht, wäre es eben gut, wenn du eine Risikolebensversicherung abgeschlossen hast, damit deine Frau und das Monster gut versorgt sind.«

»Hm, das wäre mir schon wichtig«, sagt Paula. »Wir haben gerade einen Kredit aufgenommen, um die Wohnung zu kaufen. Das könnte Anke allein mit dem Café nicht stemmen. Dafür ist so eine Risikoversicherung doch da, oder? Wenn ich sterbe, kriegt Anke viel Geld?«

»Kommt drauf an, wie hoch du die Versicherung abschließt«, erkläre ich. »Wenn ihr noch einen Kredit laufen habt, würde ich zumindest mal die Kreditsumme ansetzen, dann ist die Wohnung schuldenfrei. Lass dir das am besten von deinem Versicherungsvertreter durchrechnen und dir ein Angebot geben.«

»Das wird dann aber ein langer Termin«, stöhnt Paula. »Berufsunfähigkeit, Unfall, Hausrat, Risiko-Dingsbums, der reibt sich jetzt schon die Hände.«

»Du musst ja nichts abschließen«, sage ich. »Nur Angebote einzuholen ist nicht verboten. Lass dir aber keine Kombi-Versicherung aufschwatzen, sowas wie Berufsunfähigkeit mit Unfallversicherung, das bringt nichts. Besser *eine* Versicherung für *ein* Risiko. Und man sollte immer wissen, was genau in den einzelnen Versicherungen beinhaltet ist, da lohnt sich ein näherer Blick vor Vertragsabschluss auf jeden Fall.«

»Na gut«, seufzt Paula. »Da muss ich dann wohl durch.«

»Ach so, fällt mir gerade ein, es gibt noch etwas, das echt empfehlenswert und gut ist«, sage ich. »Und zwar für dein Adoptivmonster. Oder allgemein für Kinder. Vielleicht hat Lisa ja irgendwann auch mal Nachwuchs geplant?«

»Erst mal muss ich diese Prüfung überleben«, sagt Lisa seufzend. »Danach mache ich mir Gedanken über meine Familienplanung. Grundsätzlich hätte ich aber schon gern Kinder.«

»Dann solltest du dir das auf jeden Fall schon mal merken«, sage ich. »Es gibt nämlich quasi eine Berufsunfähigkeitsversicherung für Kinder.«

»Hä? Wie soll denn das gehen?«, wundert sich Paula. »Kinder haben doch noch gar keinen Beruf.«

»Ich weiß, es klingt seltsam, aber das gibt's wirklich«, erkläre ich. »Das heißt Kinderinvaliditätsversicherung, die kannst du schon ab einem Alter von sechs Wochen oder so abschließen, dann hat man beste Chancen auf einen günstigen Tarif. Für Teenager heißt das dann Kinder-Berufsunfähigkeitsversicherung. Beide sollten so abgeschlossen werden, dass sie später als normale Berufsunfähigkeitsversicherung weitergeführt werden können. Der große Vorteil daran ist: Wenn dein Kind da einmal drin ist, bleibt es drin, und zwar ohne Gesundheits- und Risikoprüfung, auch nicht später. Dann kann das Kind Friseur, Maurer oder von mir aus auch Fallschirmspringer werden, das ist egal, diese Versicherung bleibt bestehen.«

»Das klingt allerdings nicht schlecht«, sagt Paula. »Die Großeltern fragen immer, was sie unserem Monster Sinnvolles schenken können. Das würde doch viel mehr bringen als das neueste Smartphone für tausend Euro.«

»Absolut«, sage ich. »Ein sinnvolleres Geschenk kann ich mir kaum vorstellen. Auch, wenn die Großeltern dafür wahrscheinlich erst mal nicht mit überschwänglicher Dankbarkeit überschüttet würden.«

»Ach, papperlapapp«, sagt Paula grinsend. »Weniger als über andere Geschenke kann sie sich gar nicht freuen. Sonst gibt's von Oma und Opa meistens Bücher, und damit kann sie schon gar nichts anfangen. Ich glaube ja, das liegt daran, dass nichts passiert, wenn sie mit dem Finger vorne drauf tippt.«

Lisa und ich lachen.

»Jedenfalls sage ich das den Großeltern mal mit dieser Versicherung, das ist wirklich ein guter Tipp, danke«, sagt Paula.

»Sehr gern, nichts zu danken« entgegne ich.

Paula tauscht die Schere gegen die Haarschneidemaschine aus und fängt an, meine Konturen zu rasieren.

»Wir sind gleich fertig«, sagt sie. »Nur noch …
Verdammter Mist noch mal!«

Es ist wieder dunkel geworden.

»Ich geh schon«, sagt Lisa.

Kurz darauf ist wieder ein Poltern zu hören, diesmal hält es allerdings länger an.

»Nimm die Kisten am besten gleich mit runter!«, ruft Paula. »Dann sind sie aus dem Weg!«

»Sind sie schon!«, antwortet Lisa. »Sie sind runtergeflogen!«

»Aber *du* hoffentlich nicht?«, fragt Paula besorgt.

»Nein, alles okay! Aber ich brauche auf jeden Fall so eine Tollpatschversicherung!«

Das Licht geht wieder an.

Zwei Minuten später wischt Paula mit dem großen Friseurpinsel über meinen Nacken.

»So, das war's«, sagt sie und nimmt mir den Umhang ab. »Zufrieden?«

Ich werfe einen prüfenden Blick in den Spiegel: »Perfekt, wie immer.«

»Hose auch wieder trocken?«

»Jepp«, sage ich und stehe auf.

»Und noch mal«, sagt Lisa. »Das tut mir wirklich sehr, sehr leid mit der Hose.«

»Und noch mal«, erwidere ich. »Das ist *wirklich* kein Problem.«

Ich zücke mein Portemonnaie und gehe nach vorne an die Kasse.

»Schon vergessen?«, meint Paula lächelnd. »Männer mit dreckigen Hosen und guten Versicherungstipps zahlen heute nicht.«

Stimmt, das hatte ich tatsächlich schon wieder vergessen – manchmal muss man selbst mich daran erinnern, dass ich etwas sparen kann. Wobei mir das aber in diesem Fall widerstrebt. Paula hat eine gute Leistung erbracht, und gute Leistungen müssen meiner Ansicht nach auch stets entsprechend entlohnt werden.

Ich öffne mein Portemonnaie, ziehe zwei Fünfer heraus, stecke einen in die kleine Kaffeekasse, die auf dem Tresen steht, und drücke den zweiten Lisa in die Hand.

»Als Kilometergeld«, sage ich ihr zuzwinkernd. »Oder für die nächste Tollpatschigkeit.«

»Vielen Dank, die wird nicht lang auf sich warten lassen«, sagt Lisa grinsend. »Und danke auch für die tollen Tipps mit den Versicherungen.«

»Sehr gern. Und wenn wir uns das nächste Mal sehen, bist du erfolgreich zwischengeprüft.«

»Das wäre schön«, seufzt Lisa.

»Du schaffst das, ganz sicher«, sage ich. »Ich drücke am Mittwoch ganz fest die Daumen.«

»Das ist lieb, danke. Aber drück lieber jetzt schon, da draußen kommt Frau Kirschbaum, da ist mir jede Prüfung lieber.«

»Alles klar, ich drücke«, sage ich lachend und wende mich an Paula. »Trägst du mich bitte schon mal für nächsten Monat ein?«

»Schon passiert«, antwortet Paula. »Und dann funktioniert hier auch hoffentlich alles wied... Verfluchte Kacke! Diese verfickte Sicherung! Ich reiß sie gleich eigenhändig aus der verkackten Wand!«

Auch etwas, das man sich manchmal *nicht* sparen sollte: inbrünstig geäußerte Kraftausdrücke. Fluchen baut erwiesenermaßen Stress und Druck ab und erspart einem auf lange Sicht eventuell die Inanspruchnahme der Risikolebensversicherung. Für ein rückblickend glückliches Leben ist es immer am besten, wenn man egal welche Versicherung nie gebraucht hat.

Versicherungen – das Wichtigste auf einen Blick

- Pflicht: Kranken-, Renten-, KFZ-Versicherung
- Ratsam: Private Haftpflicht-, Unfall-, Berufsunfähigkeits-versicherung
- Wer möchte: Reisekranken-, Risikolebens-, Hausratversicherung
- Leistungen vor Abschluss im Detail überprüfen

Fünf zu null fürs EIGENHEIM!

»Schwarz-weiß wie Schnee! Das ist die SGE! Wir holen den DFB-Pokal, und wir werden Deutscher Meister! MEISTER!«

Das ist zwar mehr als unwahrscheinlich, aber ich singe natürlich trotzdem mit. Als Frankfurter Bub bin ich selbstverständlich Eintracht-Fan, das geht gar nicht anders, das wird einem in die Wiege gelegt. Mein Vater ist seit nunmehr fünfundsechzig Jahren bei jedem Heimspiel im Waldstadion an seinem angestammten Stehplatz anzutreffen. Jawohl, im Waldstadion, nicht in der Commerzbankarena. Auch wenn es seit 2005 offiziell so heißt, für echte Eintracht-Fans wird es immer das Waldstadion bleiben. Ich muss allerdings sehr zu meiner Schande gestehen, dass ich nun länger nicht mehr dort war. Mein vorangeschrittenes Alter kann ich als Ausrede dafür schlecht anbringen – siehe meinen Vater, er ist dreiundsiebzig. Ich glaube, es liegt daran, dass ich um einiges bequemer, um nicht zu sagen fauler, geworden bin. Früher hatte ich eine Dauerkarte und bin mit meinen Kumpels zusätzlich noch zu etlichen Auswärtsspielen gefahren. Wir haben 1992 das Trauma von Rostock live vor Ort durchlitten – wenn ich daran denke, kommen mir heute noch die Tränen. Wir waren in München, in Dortmund, in Hamburg, in so gut wie allen deutschen Stadien.

Irgendwann hat das nachgelassen. Keine Zeit mehr, etwas Besseres zu tun, keine Lust auf die langen Autofahrten, keine Ahnung, woran genau es lag, wahrscheinlich von allem etwas. Und irgendwann brach die Zeit der allspieltäglichen Live-Übertragungen in Kneipen an, die mich fortan in meiner Bequemlichkeit ungefragt hemmungslos unterstützte. Man gewöhnt sich schnell und gern daran, beim Fußballgucken nicht für ein Bier anstehen zu müssen. Oder für einen Toilettengang nicht das halbe Spiel zu verpassen. Oder sich im Winter nicht bibbernd den Allerwertesten in der Fankurve abzufrieren. Wobei diese Annehmlichkeiten natürlich zugegebenermaßen kein Ersatz für die grandiose Stimmung im Waldstadion sind, die ist wirklich sensationell und in deutschen Stadien absolut einmalig.

Bessere Stimmung habe ich bisher nur zweimal erlebt, nicht in Deutschland, aber mit deutscher Beteiligung: 1990 in Rom und 2014 in Rio. Ja, ich war zweimal live dabei, als die deutsche Nationalmannschaft Weltmeister geworden ist – unvergessliche Erlebnisse, um die mich zu Recht viele meiner Freunde beneiden. Ich war auch noch in vielen anderen großen, traditionsträchtigen Stadien der Welt – Madrid, Barcelona, Wembley, Old Trafford und einige andere –, aber Rom und Rio werden immer einen besonderen Platz in meinem Fußball-Herzen haben. Der größte Platz dort ist allerdings nach wie vor für mein heißgeliebtes Waldstadion reserviert, auch wenn ich nicht mehr so oft vor Ort bin.

Umso mehr freue ich mich darauf, heute nach langer Zeit mal wieder rauszufahren. Und dann auch noch völlig unerwartet und gegen die Bayern, besser geht's kaum. Bleibt nur die Frage, wo Fred steckt? Wir waren um eins verabredet. Ein Blick auf die Uhr, okay, es ist erst kurz nach, er kommt bestimmt gleich. Ist ja nicht so, als hätte ich hier keine Unterhaltung, es sind schon jede Menge deutlich als Eintracht-Fans identifizierbare Jungs und Mädels hier, die auch auf die Straßenbahn zum Stadion warten. Mich erkennt man übrigens nicht sofort als Fußball- oder gar Eintracht-Fan, ich gehe immer in Zivil ins Stadion, also völlig neutral gekleidet. Das liegt nicht etwa an einer modischen Abneigung gegen Fußballtrikots oder Fanschals, sondern hat rein abergläubische Gründe. Jedes Mal, wenn ich früher ein Trikot oder einen Schal im Stadion angezogen habe, haben wir verloren. Ungelogen, wirklich jedes Mal, auch und vor allem 1992 in Rostock, als die Eintracht am allerletzten Spieltag nicht Meister geworden ist. Seitdem habe ich im Stadion kein Trikot und keinen Schal mehr getragen, sogar meinen Eintracht-Schlüsselanhänger lasse ich zu Hause, wenn ich rausfahre. Und siehe da: In Rom und in Rio hat es bestens geklappt! Jawohl, es ist allein mir zu verdanken, dass wir zweimal Weltmeister geworden sind! Weil ich selbstlos zum Wohl der Mannschaft auf jegliche Fanutensilien in den Stadien verzichtet habe! Unverständlicherweise wurde mir an beiden Tagen aber keine Weltmeistermedaille überreicht. Hallo, FIFA? Ich warte immer noch!

So wie auf Fred. Die nächste Tram müsste in zwei Minuten kommen. Wenn wir die nehmen wollen, müsste er sich langsam mal sputen. Wir sind zwar früh dran, das Spiel fängt erst in zweieinhalb Stunden an, aber so langsam hätte ich Lust auf ein erstes Samstagnachmittag-Fußball-Bier, das gehört irgendwie dazu, wenn man ins Stadion geht.

Komisch, eigentlich ist Fred immer überpünktlich. Und eigentlich heißt er gar nicht Fred, sondern Konrad. Wieso ihn alle Fred nennen, weiß niemand, nicht mal er selbst. Ich habe ihn zu Schulzeiten schon als Fred kennengelernt und ihn immer so genannt. Er hat sich auch nie darüber beschwert, also scheint es wohl okay für ihn zu sein.

Ich sehe in einiger Entfernung die Straßenbahn auf die Haltestelle zuruckeln. Ob ich einfach einsteigen und schon mal ans Stadion fahren soll? Ich könnte ihn anrufen, dass wir uns dort treffen. Nein, das kann ich nicht machen, schließlich hat er mich zu diesem Stadionbesuch heute eingeladen, da wäre es sehr unhöflich, nicht auf ihn zu warten. Keine Ahnung, wie er an die Karten gekommen ist, das Spiel ist seit Wochen ausverkauft. Dass er dabei an mich gedacht hat, freut mich natürlich sehr. Die Einladung käme allerdings nicht ganz uneigennützig, hat er gesagt. Er will mich irgendetwas fragen, etwas Wichtiges, wofür er meinen Rat bräuchte. Nichts dagegen. Für gute Freunde und eine Eintracht-Karte habe ich immer einen Rat übrig, gern auch zwei oder drei.

Die Tram fährt vor mir ein, immer noch kein Fred zu sehen. Oder doch, da drüben, das könnte er sein. Ja, Tatsache, das ist er, er sprintet über den Bahnhofsplatz auf mich zu.

»Phil!«, ruft er. »Halt die Tür auf!«

Die Türen der Tram öffnen sich, ich lasse allen anderen den Vortritt. Dann stehe nur noch ich auf der Plattform. Ich schiebe mich in die Tür und blockiere sie, bis Fred völlig außer Puste ankommt und sich an mir vorbei in die Straßenbahn schiebt.

»Puh! Das war … knapp!«, keucht er. »Die verfluchte S-Bahn hatte Verspätung, weil irgend so ein Idiot die Tür blockiert hat.«

»Unverschämtheit«, sage ich grinsend. »Wahrscheinlich hat er auf einen anderen Idioten gewartet, der zu spät dran war.«

»Genau«, meint Fred und muss auch grinsen.

»Schön, dich mal wieder zu sehen, Idiot. Freut mich sehr, dass das geklappt hat.«

»Gleichfalls«, sage ich, und wir umarmen uns kurz.

Die Tram ist ziemlich voll, also versuchen wir erst gar nicht, nach einem Sitzplatz zu suchen.

»Und, was sagst du?«, fragt mich Fred. »Ich hab irgendwie ein gutes Gefühl für heute. Ich tippe auf 2:2.«

»Gewagt, gewagt«, erwidere ich. »So zuversichtlich bin ich nicht. Ich sage, wir können froh sein, wenn es 1:3 ausgeht.«

»Ich glaube, da ist ein Punkt drin. Wart's ab.«

»Nichts dagegen, wenn du recht hast«, sage ich. »Mich würde allerdings aktuell viel mehr interessieren, was da drin ist.«

Ich zeige auf seine Jackentaschen, die verdächtig ausgebeult sind.

»Ist es vielleicht das, wonach es aussieht?«, frage ich. »Fängt mit einem großen D an und hört mit einem kleinen r auf?«

»Richtig kombiniert«, sagt Fred und zieht grinsend zwei Dosenbier aus den Taschen. »Ich dachte, ein bisschen Wegzehrung zum Warmwerden kann nicht schaden.«

»Da hast du absolut richtig gedacht«, sage ich. »Guter Mann.«

Fred drückt mir eine der Dosen in die Hand. Ich öffne sie, das Bier zischt in einer breiten Fontäne aus der Öffnung und spritzt einem mir gegenüberstehenden Eintracht-Fan von hinten die Jacke voll, sein Hinterkopf kriegt auch etwas ab. Oh Mann, manchmal verdiene ich die Bezeichnung Idiot aber echt tatsächlich. Ich wusste doch, dass Fred mit den Dosen in der Jacke gerannt ist und sie dabei kräftig durchgeschüttelt wurden. Erst denken, dann Bierdosen öffnen, Phil. Dabei spart man auch enorm – Bier und Ärger nämlich.

»Oh, sorry!«, sage ich schnell. »Tut mir echt leid! Das wollte ich nicht!«

Ich versuche, das Bier schnell von seiner Jacke zu wischen, mache es dadurch aber natürlich nur noch schlimmer.

Der Typ dreht sich langsam um. Er ist ziemlich groß, größer als ich. Und breiter. Und er sieht nicht glücklich aus.

»Das … das war keine Absicht!«, sage ich. »Die Dose … Mein Kumpel ist gerannt. Ich hab nicht dran gedacht. Tut mir echt wahnsinnig leid.«

»Eintracht oder Bayern?«, knurrt er mich mit finsterer Miene an.

»Äh, Eintracht!«, antworte ich. »Eintracht natürlich!«

»Kaa Kutt, kei Kapp, net ma en Schal?«, sagt er in tiefstem Frankfurterisch und sieht mich sehr skeptisch an.

»Hab ich nie!«, erwidere ich verteidigend. »Das bringt Unglück!«

»Wer hat uns Neunundneunzisch vorm Abstiesch gerettet?«, fragt er.

»Jan Aage Fjörtoft!«, antworte ich wie aus der Pistole geschossen. »29. Mai 1999! Übersteiger zum 5:1 in der letzten Minute! Ich war dabei!«

Sein Gesicht erhellt sich und sieht plötzlich sehr freundlich aus. Er nimmt die Bierdose aus meiner Hand und leert den Rest auf ex.

»Wenigstens war's Frankfurter Bier!«, sagt er lachend, legt seinen Arm um meine Schulter und fängt an zu singen. »Im Herzen von Europa ...«

»... liegt mein Frankfurt am Main!«, stimmen Fred und ich sofort mit ein.

Und schon grölt der ganze Waggon mit. Ach, ich liebe das, ich muss wieder öfter ins Waldstadion, allein die Fahrt dorthin macht ja schon Spaß – bis auf die Tatsache, dass ich jetzt leider kein Bier mehr habe.

Fred sieht mir meinen Durst wohl an und streckt mir seine Dose entgegen. Ich nehme einen tiefen Zug.

»Wolltest du nicht irgendwas von mir?«, frage ich ihn.

»Ja«, sagt Fred. »Deinen guten Rat als Finanzfachmann.«

»Ach so, ich bin heute also gar nicht zum Spaß, sondern beruflich hier? Sorry, samstags arbeite ich nicht.«

»Dann gibt's auch kein Bier«, sagt er und nimmt mir die Dose aus der Hand.

»War doch nur Spaß«, entgegne ich und schnappe sie mir zurück. »Du weißt, ich helfe immer gern bei Finanzfragen. Schieß los, worum geht's denn?«

»Marie ist schwanger«, sagt er, und seinem Grinsen entnehme ich, dass das eine gute Nachricht ist – man weiß ja nie, es soll schon Männer gegeben haben, die sich nicht über Nachwuchs gefreut haben. Aber bei Fred hätte mich das jetzt auch gewundert, er schien sich in seiner Vaterrolle immer sehr wohlgefühlt zu haben.

»Sehr schön, herzlichen Glückwunsch!«, sage ich.

»Danke«, sagt Fred. »Wir wollten ja schon länger ein Geschwisterchen für Leon, jetzt hat es endlich geklappt.«

»Prima, das freut mich sehr für euch. Und jetzt willst du wissen, wie ihr das neue Baby möglichst lukrativ am Aktienmarkt platzieren könnt, oder wie komme ich da ins Spiel?«

»Nein«, erwidert Fred lachend. »Du kommst ins Spiel, weil unsere Wohnung in sechs Monaten definitiv zu klein sein wird und wir uns deshalb überlegen, ein kleines Häuschen zu kaufen.«

»Verstehe. Und jetzt möchtest du genau was von mir wissen?«

»Na ja, vielleicht erstmal grundsätzlich, ob das eine gute Idee ist? Ist es in unserem Fall sinnvoll, eine Immobilie zu kaufen? Oder sind wir besser dran, wenn wir weiter Miete zahlen?«

Ha! Endlich fragt mich das mal jemand! Mit diesem Thema habe ich mich nämlich gerade neulich aufgrund eines Zeitungsartikels ausführlich beschäftigt und dabei eine eigene Faustregel entwickelt. Schön, dass ich sie jetzt anbringen kann.

»Diese Frage lässt sich relativ einfach beantworten«, sage ich. »Dafür müssen wir nur kurz Phils 4 L zusammen durchgehen.«

»Phils 4 L?«

»Genau, das hab ich mir selbst ausgedacht. Die Ls stehen für Lebensentwurf, Liquidität, Lage und Liebe. Fangen wir doch gleich mal mit dem Lebensentwurf an. Dafür solltet ihr euch die Frage stellen, ob die Immobilie dort ist, wo ihr wirklich leben möchtet, wo ihr sogar alt werden wollt.«

»Na ja, ich habe immer in Sulzbach gewohnt«, sagt Fred. »Ich bin dort aufgewachsen und habe mich immer wohlgefühlt. Und Marie gefällt es mittlerweile auch sehr gut. Am Anfang war sie als Großstadtkind nicht ganz so begeistert, aber jetzt hat sie eine ganze Menge Freundinnen gefunden und engagiert sich sogar im Heimatverein. Ich denke, wir wollen definitiv in Sulzbach bleiben und auch alt werden. Ist ja auch nicht ganz unpraktisch, meine Eltern wohnen quasi um die Ecke und können sich immer mal wieder um die Kinder kümmern.«

»Genau, das wäre nämlich das nächste L, die Lage«, erkläre ich. »Das mit der Nähe zu den Eltern ist schon mal ein wichtiger Punkt – vorausgesetzt, man mag seine Eltern, natürlich. Aber das ist ja bei dir kein Problem, oder?«

»Überhaupt nicht, ich komme sehr gut mit meinen Eltern klar. Marie auch. Sie trifft sich sogar regelmäßig mit meiner Mutter zum Mittagessen. Es ist fast schon unheimlich, wie gut die beiden sich verstehen. Manchmal kichern sie sogar hinter meinem Rücken.«

»Oha. Ich habe ja immer versucht, meine Mutter so fern wie möglich von meinen Freundinnen zu halten. Sie weiß zu viel über mich. Vor allem zu viel Peinliches.«

»Genau. Wer will schon, dass die eigene Frau weiß, dass man als Teenager sturzbetrunken nachts den Wandschrank mit der Toilette verwechselt hat?«

»Oh ja, das kommt mir bekannt vor!«, sage ich lachend. »Bei mir war es die Kellertreppe! Aber nur ein einziges Mal! Das wirft mir meine Mutter heute noch vor!«

Die Straßenbahn hält ruckelnd an der nächsten Haltestelle. Es steigen wieder einige Eintracht-Fans ein – und zwei mit roten Bayern-Schals.

Es dauert keine drei Sekunden, bis der Erste das heute wohl unvermeidliche Lied anstimmt.

»ZIEHT DEN BAYERN DIE LEDERHOSEN AUS! LEDERHOSEN AUS! LEDERHOSEN AUS!«

Und schon grölt der ganze Waggon wieder mit, Fred und ich natürlich auch.

Das Schöne daran ist, dass es keinesfalls böse gemeint ist und auch nicht so rüberkommt. Fußballanhänger sind zu einem Großteil nämlich keine hasserfüllten Schläger und Hooligans, auch wenn es nach außen oft so wirkt, weil diese Idioten nun mal am meisten auffallen. Ich war schon auf so vielen Fußballspielen, da ist nie etwas passiert. Natürlich macht man sich über gegnerische Fans lustig, das gehört dazu, ist aber eher spielerisch und keinesfalls ernst gemeint. Die beiden Bayern-Fans werden gerade auch nicht aus-, sondern angelacht und kriegen sogar zwei Becher Apfelwein geschenkt.

Zum Glück wird mir keiner angeboten, ich kann mit dem Zeug überhaupt nichts anfangen. Ja, ich als Frankfurter mag keinen Apfelwein. Ich weiß, das geht eigentlich gar nicht, ist aber so, ich kriege des Frankfurters liebstes Stöffche einfach nicht runter, weil es mir schlicht und einfach nicht schmeckt. Das hat mir schon so einige unverständige bis zutiefst beleidigte Blicke unter Frankfurtern eingebracht, aber in solchen Fällen verweise ich stets auf meinen Bruder, der nur Apfelwein trinkt – so ist wenigstens die Frankfurter Familienehre gerettet.

Die Bahn ruckelt weiter, die Lederhosen wurden den Bayern vorerst fertig ausgezogen, ich wende mich wieder Fred zu.

»Wo waren wir?«, frage ich ihn.

»Die Lage« antwortet er. »Dein zweites L.«

»Ach ja, stimmt. Wobei die Reihenfolge eigentlich egal ist. Aber wir waren bei der Lage. Das mit den Eltern passt also. Wie sieht es mit der Arbeit aus? Sind eure Jobs sicher? Gibt es im schlimmsten Fall einer Kündigung Alternativen in der Gegend? Du arbeitest immer noch in diesem Großmarkt in Eschborn, oder?«

»Ja«, sagt Fred. »Mein Job ist ziemlich sicher – wenn man das heutzutage überhaupt sagen kann. Falls nicht, gibt es in der Umgebung aber genug andere Arbeitgeber für meinen Bereich. Und Marie arbeitet ja halbtags in der Kita, davon gibt es noch einige in der näheren Umgebung.«

»Okay. Was ist mit deinem Arbeitsweg? Das ist auch wichtig, wenn es um die Entscheidung für oder gegen eine Immobilie geht. Wer nicht gern pendelt, sollte sich möglichst in der Nähe seiner Arbeitsstätte etwas suchen. Aber das ist ja bei dir kein Problem, oder?«

»Nein. Normalerweise fahre ich mit dem Auto, und im Sommer nehme ich sogar manchmal das Fahrrad. Das passt also.«

»Sehr gut. Wenn du woanders wohnen würdest, gäbe es noch die Frage, ob die Lage zukunftssicher ist. Gibt es einen Bevölkerungszuwachs, oder eher das Gegenteil? Eine abnehmende Bevölkerungsdichte wirkt sich nämlich mittel- und langfristig auch auf die Versorgung aus. Ärzte, Kindergärten, Schulen, Freizeit, Kultur, Supermärkte und so weiter. Das wird speziell im Alter wichtig, wenn man keine langen Wege mehr gebrauchen kann.«

»Da müssen wir uns in Sulzbach sicher keine Sorgen machen«, sagt Fred. »Der Main-Taunus-Kreis leidet ja nicht gerade unter Bevölkerungsschwund. Außerdem ist Frankfurt ja direkt um die Ecke, die Wege werden also nie weit sein.«

»Somit wäre das zweite L auch positiv beantwortet«, stelle ich fest. »Dann kommen wir also zum Nächsten, das für euch wahrscheinlich mit das Wichtigste ist, die Liquidität, sprich: Wie viel Immobilie könnt ihr euch leisten.«

»Genau, das wäre natürlich ausschlaggebend für uns«, sagt Fred. »Ich habe schon mal ein bisschen rumgerechnet, habe aber zu wenig Ahnung, um da auf verlässliche Zahlen zu kommen. Wir müssen natürlich einen Kredit aufnehmen, das steht fest. Aber wie hoch kann oder darf der sein?«

»Da gibt es auch eine kleine Faustregel«, erkläre ich. »Wenn man pro hunderttausend Euro Kredit fünfhundert Euro monatliche Zinsen rechnet, kommt man normalerweise hin. Vierhundert Euro sollten auch noch gehen, wenn es weniger sein soll, muss man genauer rechnen und sehen, ob es funktioniert.«

»Das heißt, wenn wir einen Kredit von zweihunderttausend Euro aufnehmen, müssen wir mit einer monatlichen Rate von rund tausend Euro rechnen?«

»Genau.«

»Wir zahlen derzeit neunhundertfünfzig Euro warm an Miete«, sagt Fred. »Dann käme das mit den tausend Euro ja ganz gut hin. Allerdings reicht es dann wohl nicht für das geräumige Einfamilienhaus mit großem Garten und Pool, aber das haben wir uns sowieso schon gedacht.«

»Als Faustregel gilt, dass man nicht mehr als die Hälfte des verfügbaren Einkommens fürs Wohnen ausgeben sollte.«

»Okay, dann wäre sogar noch ein bisschen Luft nach oben bei uns. Marie verdient ja auch etwas, zusammen kommen wir auf Zweitausendsechshundert im Monat. Aber kriegen wir denn für Zweihunderttausend überhaupt ein Haus? Ich meine, wir haben uns natürlich schon ein bisschen umgeguckt, und es gibt da ein kleines Reihenhäuschen, das demnächst frei wird. Das würde uns schon gefallen, aber es kostet dreihunderttausend.«

»Was heißt, das würde euch schon gefallen? Das ist nämlich wichtig für das vierte L, die Liebe. Wart ihr schon drin? Hattet ihr ein gutes Gefühl? Fällt es unter die Kategorie Traumhaus? Also, ich meine jetzt nicht Villa-mit-Pool-Traum-Traumhaus, sondern ganz reell. Das muss wie bei der Liebe zwischen zwei Menschen sein. Da hat man ja vielleicht auch eine Traum-Traumfrau, irgendein Supermodel oder eine Schauspielerin. Bei mir war es zum Beispiel immer Laetitia Casta.«

»Uma Thurman«, sagt Fred. »Uma Thurman in ›Kill Bill‹.«

»Genau, so was«, sage ich. »Und ist deine Marie etwa blond, blauäugig und kann Karate?«

»Nein, du kennst sie doch. Sie hat braune Haare, wundervoll grüne Augen und schlägt noch nicht mal nach Stubenfliegen.«

»Aber sie ist trotzdem deine Traumfrau?«

»Absolut, vom ersten Augenblick an. Ich habe sie gesehen und sofort gewusst: Das ist sie, mit dieser Frau will ich den Rest meines Lebens verbringen.«

»Siehst du, und genauso muss das beim Hauskauf auch sein. Aber nicht nur für dich, für deine ganze Familie. Marie, der Kleine, du, ihr müsst euch in das Haus verlieben. Und wenn das so ist, stellt sich die Frage gar nicht mehr, ob ihr es kaufen wollt oder nicht.«

»Na ja, wir mögen das Haus schon sehr«, sagt Fred. »Es gehört einem befreundeten Paar, der Mann muss beruflich nach Hamburg, deswegen verkaufen sie es. Wir waren schon ganz oft dort zu Besuch und fanden das Haus von Anfang an schön, da haben wir noch gar nicht über einen Hauskauf nachgedacht. Da passt auch alles, es gibt zwei Kinderzimmer, eine große Terrasse und einen kleinen Garten, das wäre schon super.«

»Prima, dann wäre das vierte L ja auch positiv beantwortet.«

»Aber das dritte noch nicht, oder?«, fragt Fred. »Die Liquidität, das ist ja jetzt noch offen. Können wir uns das Haus überhaupt leisten, wenn wir nur die Mittel für einen Kredit über Zweihunderttausend haben?«

»Wie viel, hast du gesagt, kostet es? Dreihunderttausend?«

»Ja.«

»Keine Sorge, das sollte machbar sein. Aber vorher vielleicht erst noch die Frage, ob du jemand bist, der gut mit Schulden leben kann. Ich meine, es gibt ja Leute, die mögen keine Schulden, weil sie sich dann ständig Sorgen machen und die finanziellen Belastungen nur sehr schwer ertragen können. Wenn das bei dir so wäre, solltest du lieber die Finger davon lassen. Aber so schätze ich dich eigentlich nicht ein, oder?«

»Nein, ich kann mit Schulden umgehen, das ist kein Problem. Nicht, dass ich jemals großartig Schulden gemacht hätte, das versuche ich grundsätzlich schon zu vermeiden, aber manchmal geht es ja nicht anders. Und in diesem Fall sehe ich das auch nicht unbedingt als Schulden, sondern als Investition in die Zukunft meiner Familie.«

»Das ist die richtige Einstellung. Wer sich eine Immobilie kauft, ist letztlich nichts anderes als ein Zwangssparer. Nur, dass du das Geld nicht auf einem Konto oder in Aktien anlegst, sondern dir etwas davon kaufst. Mit jeder monatlichen Rate gehört dir ein Stück mehr vom Haus, und irgendwann seid ihr mietfrei, dann hat sich diese Investition absolut gelohnt. Und aus eigener Erfahrung kann ich dir sagen, dass es nichts Schöneres gibt als den Tag, an dem du die letzte Rate bezahlt hast. Oder, nein, noch besser ist der Tag einen Monat später, an dem du plötzlich viel mehr Geld auf dem Konto hast.«

»Ja, das kann ich mir gut vorstellen«, sagt Fred. »Aber heißt es nicht auch, dass Mieten günstiger ist als Kaufen?«

»Na ja, tendenziell ist es tatsächlich so, dass Eigentümer mehr Geld ausgeben als Mieter. Fast niemand kriegt den Tausch von Miete zu Kreditrate 1:1 hin. Aber was macht der Mieter denn mit dem gesparten Geld? Eigentlich müsste er es auf die Jahre gut anlegen, damit er von den Erträgen irgendwann seine Miete bezahlen kann. Dann, und nur dann, hätten Mieter und Eigentümer gleich viel im Portemonnaie. Nur macht das so gut wie niemand, die Ersparnis wird einfach ausgegeben, dadurch ist der Mieter schließlich doch im Nachteil.«

»Okay, verstehe«, sagt Fred. »Als Eigentümer hat man aktuell weniger Geld zur Verfügung, was sich aber später auszahlt.«

»Genau.«

»Bleibt nur die Frage, wie wir die dreihunderttausend stemmen können.«

»Das wird nicht reichen«, erkläre ich. »Der Finanzierungsbedarf ist auf jeden Fall höher, da kommen ja noch die Nebenkosten dazu. Notar, Steuern, Makler, das wird gern mal vergessen bei einem Hauskauf.«

»Makler würde in unserem Fall ja wegfallen«, sagt Fred. »Wir würden den Kauf direkt mit den Besitzern abwickeln.«

»Okay, also ohne Makler, das ist schon mal gut. Dann wären wir in eurem Fall bei ungefähr dreißigtausend Nebenkosten, also würde ich dann insgesamt von dreihundertdreißiggtausend ausgehen, damit dürfte alles abgedeckt sein.«

»Oha, so viel ist das? Das wird ja immer mehr«, stellt Fred mit besorgter Miene fest. »Ich weiß nicht, ob wir das finanziell stemmen können.«

»Ich bin mir sicher, dass wir das hinkriegen. Genau dafür hast du mich ja heute eingeladen, oder? Die Investition in die Karten soll ja nicht umsonst gewesen sein. Aber bevor wir weitermachen, möchte ich erst mal etwas in ein Hefe-Kaltgetränk investieren, ich habe nämlich Durst. Und wir sind ja auch gleich da.«

»Die Investitionen für Hefe-Kaltgetränke tätige ich heute, das ist in der Einladung mit drin«, sagt Fred. »Vor allem, wenn du uns zu unserem Haus verhilfst.«

Die Straßenbahn ist am Stadion angekommen. Wir steigen aus und machen uns mit allen anderen auf den Weg hinein.

»Wo sind unsere Plätze? Fankurve?«, frage ich Fred.

»Nein, da war leider nichts mehr zu machen. Wir sind auf der Haupttribüne.«

Auch nicht schlimm. Von der Haupttribüne hat man einen tollen Blick auf die Fankurve und die großartigen Choreographien, die sich die Fanclubs immer einfallen lassen.

Nach einem kurzen Zwischenstopp am Bierstand erreichen wir mit zwei vollen Bechern unsere Plätze. Es sind Sitzplätze, das geht für einen echten Eintracht-Fan eigentlich gar nicht, beim Fußball muss man stehen. Aber so richtig böse oder enttäuscht kann ich nicht darüber sein – beim Fußballgucken in der Kneipe habe ich mich doch sehr an einen gemütlichen Sitzplatz gewöhnt.

»Auf die Eintracht!«, sagt Fred.

»Auf den nächsten Eigenheimbesitzer!«, erwidere ich, und wir stoßen mit den Bechern an.

»Noch ist es nicht so weit«, sagt Fred. »Erst mal musst du mir verraten, wie wir die dreihundertdreißigtausend zusammenbekommen.«

»Wie gesagt, das kriegen wir schon hin. Am besten fangen wir mit einer Bestandsaufnahme an. Die kompletten dreihundertdreißigtausend gibt dir heutzutage leider fast keine Bank mehr. Du kannst davon ausgehen, dass ihr ein Drittel Eigenkapital mit einbringen müsst. Das wären dann also hundertausend. Habt ihr denn irgendwelche Ersparnisse?«

»Da ich vor vielen Jahren schon auf dich gehört

habe, ja. Ich habe deinen Rat befolgt und jeden Monat etwas in die von dir empfohlenen Aktienfonds zurückgelegt. Aber hunderttausend kommen da nicht zusammen, es müsste ungefähr die Hälfte sein.«

»Na, das ist doch schon mal super. Freut mich, dass du meinen Rat befolgt hast. Den Notgroschen hast du auch angespart?«

»Ja, damit habe ich angefangen, wie du es gesagt hattest. Und danach ging das Geld monatlich in Aktienfonds.«

»Prima. Den Notgroschen würde ich aber für den Hauskauf nicht anfassen, sondern eventuell in den nächsten Jahren noch etwas erhöhen. Familie, Kinder, Haus, da können immer mal unvorhergesehene Ausgaben anfallen. Die Aktienfonds kannst du sofort verkaufen.«

»Okay, mach ich. Aber dann fehlen ja trotzdem noch fünfzigtausend für das Eigenkapital.«

»Was ist mit deinen Eltern? Oder Maries Eltern? Viele Leute sind ja zu stolz, um ihre Eltern zu fragen, das finde ich aber falsch. Wenn das Verhältnis gut ist, helfen Eltern immer gern. Und wenn nicht, dann eben nicht, aber Fragen kostet ja nichts.«

»Nein, da bin ich nicht zu stolz, habe ein Super-Verhältnis zu meinen Eltern. Mein Vater hat auch schon angedeutet, dass sie uns helfen würden. Vor allem, wenn wir in Sulzbach und somit in ihrer Nähe bleiben.«

»Dann würde ich diese Hilfe auf jeden Fall annehmen und die Tage mal konkretisieren. Kannst du in etwa einschätzen, ob da fünfzigtausend drin sind?«

»Ich denke schon. Meine Eltern haben ihr Geld immer gut zusammengehalten und sicher angelegt, dafür hat meine Mutter gesorgt. Meinen Vater hat das Thema Geld nie großartig interessiert.«

»Okay, dann gehen wir mal davon aus, dass ihr die hunderttausend Eigenkapital zusammenkriegt. Dann bleiben zweihundertdreißigtausend Finanzierungsbedarf.«

»Das wären nach deinem Beispiel grob gerechnet tausendzweihundertfünfzig Euro im Monat an die Bank. Das könnte eng werden.«

»Wird es nicht«, sage ich. »Wie viel zahlst du jeden Monat in deine Aktienfonds ein?«

»Zweihundert«, antwortet Fred.

»Und genau damit hörst du sofort auf. Die zweihundert kannst du nämlich genauso gut ins Haus stecken. Und schon habt ihr mit der gesparten Miete tausendeinhundertfünzig Euro für die Rate zusammen. Das mit den fünfhundert pro hunderttausend ist ja auch nur ein grober Richtwert, das kriegen wir schon so hin, dass das reicht, das scheitert nicht an hundert Euro.«

»Wenn du meinst, nichts dagegen. Das bedeutet also, dass wir uns das Haus ohne große Probleme leisten könnten? Das wäre ja schon mal super, danke!«

»Nichts zu danken. Das Geld kriegst du ja nicht von mir.«

»Nicht? Ich dachte, du drückst mir gleich eine dicke Plastiktüte mit Scheinen in die Hand.«

»Wir können nachher zu mir gehen, da kann ich dir eine dicke Plastiktüte mit Pfandflaschen in die Hand drücken«, sage ich grinsend.

»Auch eine Art Geldanlage«, erwidert Fred ebenfalls grinsend. »Aber im Ernst, wie genau mache ich das denn mit dem Kredit? Ich habe noch nie einen in Anspruch genommen.«

»Das erkläre ich dir gleich. Jetzt müssen wir erst mal singen.«

Die Eintracht-Hymne erschallt aus den Lautsprechern, mindestens das halbe Stadion stimmt mit ein. Nach all den Jahren läuft mir dabei immer noch ein wohlig-kalter Schauer über den Rücken. Das ist schon einzigartig beeindruckend, diese Stimmung hier im Waldstadion. Leider ist sie oft am besten, bevor die Spiele anfangen – danach gibt es zu selten Grund zum Feiern, das wird heute höchstwahrscheinlich nicht anders sein.

Nach der Hymne folgen der Einmarsch und die Vorstellung der Mannschaft. Selbstverständlich brüllen wir jeden Namen mit.

Die Eintracht gewinnt die Seitenwahl, immerhin schon mal ein Grund zum Jubeln. Das Spiel fängt an. Gleich der erste Angriff der Bayern wird gefährlich.

Ein Schuss zischt schnurstracks auf den Winkel zu, landet aber krachend am Pfosten.

»OOOOOUUUUUUUH!«, zieht ein Raunen durchs Stadion.

Okay, das läuft wie erwartet, heute ist nichts zu holen. Bleibt nur zu hoffen, dass die Niederlage nicht allzu deutlich ausfällt.

»Das wird nix«, sagt Fred seufzend. »Ich ziehe meinen Tipp zurück.«

»Wenn du jetzt noch deine fünfzigtausend auf Sieg setzen würdest, bräuchtest du wahrscheinlich keinen Kredit mehr«, sage ich.

»Dann wären es eher fünfzigtausend mehr, die ich brauche. Aber wie kriege ich denn nun überhaupt diesen Kredit? Gehe ich einfach zu meiner Hausbank?«

»Das kannst du machen«, sage ich. »Lass dir einen Termin geben, besprich das mit deinem Bankberater und hol dir ein Angebot. Aber dann suchst du dir auch noch einen Immobilienfinanzierungsvermittler.«

»Einen wie bitte was? Das Wort hast du doch gerade erfunden. Muss ich mir unbedingt merken, wenn ich das nächste Mal Galgenmännchen mit Marie und Leon spiele.«

»Ja, damit gewinnst du ganz sicher«, sage ich lachend. »Aber erfunden habe ich das nicht, diese Jungs gibt es wirklich. Sie sind auf Immobilienkredite spezialisiert. Einfach googeln, dann findest du sofort welche.«

»Und dann erzähle ich ihm einfach, wie viel Geld ich brauche, oder wie läuft das?«

»Du kannst normalerweise gleich online ausfüllen, was du brauchst. In der Regel wirst du dann angerufen, um die Einzelheiten zu besprechen. Das ist auch wichtig, weil es sich bei einer Baufinanzierung immer um ein individuelles Geschäft handelt. Der Vermittler macht dir dann ein Angebot, das meistens für ein paar Tage gültig ist, dann musst du dich entscheiden. Der Rest läuft auf dem Postweg oder per E-Mail, normalerweise siehst du den Vermittler überhaupt nicht persönlich.«

»Aha, okay. Und der hat bessere Angebote als Banken, oder wofür brauche ich ihn?«

»So ein Vermittler hat nicht nur Zugriff auf viele Banken deutschlandweit, sondern auch noch auf Bausparkassen und Versicherungen. Die Bandbreite an Angeboten und Möglichkeiten ist also viel größer, als wenn du einfach nur zu einer Bank gehst. Und, es klingt vielleicht etwas seltsam, ist aber so: Ein Vermittler kriegt bei manchen Banken sogar bessere Konditionen als bereits bestehende Kunden.«

»Aha, interessant. Aber was kostet mich das denn dann? Ich meine, der arbeitet ja sicher nicht umsonst.«

»Genau das ist ja das Gute daran«, erkläre ich. »So ein Vermittler ist für den Kunden selbst kostenlos, er kriegt eine Provision von der Bank. Deshalb wird er dir ja rein aus Eigeninteresse schon eine günstige Finanzierung zusammenstellen, denn er möchte schließlich, dass du bei ihm abschließt.«

»Das hört sich natürlich sehr gut an.«

»Du musst ...«

»TOOOOOOOOOOOOOOOOOOR!«, unterbrechen mich geschätzt dreißigtausend jubelnde Stimmen.

Was? Das kann doch nicht sein. Da guckt man mal drei Sekunden nicht hin und ...

»Eins zu null!«, schreit Fred und springt auf. »Wahnsinn! Hast du das gesehen?«

Nein, eben nicht. Wie ist denn das passiert? Ich springe ebenfalls auf und muss einen Moment warten, bis die Wiederholung auf dem Videowürfel gezeigt wird. Ah, okay, der Torwart hat danebengegriffen, das war mehr Glück als fußballerisches Können. Aber egal, wir führen gegen die Bayern! Fred und ich fallen uns in die Arme und hüpfen begeistert auf und ab.

»Darf ich jetzt die fünfzigtausend noch wetten?«, fragt mich Fred, als wir uns wieder setzen.

»Nicht so schnell«, erwidere ich. »Du glaubst doch selbst nicht, dass es das schon war. Das war ein Glückstreffer, und es sind noch achtzig Minuten zu spielen.«

»Ich weiß«, sagt Fred. »Aber man wird doch wohl noch träumen dürfen.«

Wir leeren unsere Becher.

»Also, der Immobilienfinanzbauspardingensvermittler«, sagt Fred. »Der macht mir dann ein Angebot, das ich nicht ablehnen kann?«

»Natürlich kannst du es ablehnen«, erkläre ich. »Du kannst damit auch noch mal zu deiner Hausbank gehen und probieren, ob sie ihr Angebot daraufhin verbessern. Was aber so gut wie nie passiert. So ein Vermittler sucht dir normalerweise schon das bestmögliche Angebot raus.«

»Sehr gut. Und muss ich da auf irgendetwas Besonderes achten? Ich meine, es gibt doch unterschiedliche Arten von Krediten, oder?«

»Ja, gibt es«, antworte ich. »In deinem Fall kommt aber eigentlich nur ein Annuitätendarlehen infrage.«

»Und wieder ein Wort fürs Galgenmännchen«, lacht Fred. »Wenn du so weitermachst, werde ich auf Jahre ungeschlagen bleiben.«

»Das kriegen wir locker hin«, sage ich. »Klingt aber komplizierter, als es ist. Bei einem Annuitätendarlehen setzt sich die Rate aus einem Zins- und einem Tilgungsanteil zusammen. Damit zahlst du den Kredit in gleichbleibenden Raten zurück.«

»Klingt für mich immer noch kompliziert. Zins? Tilgung? Gibt es da ein bestimmtes Verhältnis oder so? Muss ich da irgendwas entscheiden, oder läuft das alles von selbst?«

»Am Zins selbst wirst du nicht viel drehen können, der orientiert sich am aktuellen Zinsniveau, ist aber von Bank zu Bank unterschiedlich. Den Tilgungsanteil bestimmst du selbst, je nachdem, wie viel du dir monatlich leisten kannst. Ein Prozent Tilgung ist mindestens vorgegeben, aber du könntest auch zwei oder sogar fünf Prozent wählen. Beides zusammen ergibt dann deinen Zins- und Tilgungsplan. Dazu gibt es sehr praktische Rechner im Internet. Warte, ich zeig dir schnell mal einen.«

Ich zücke mein Smartphone und öffne Google. So, hier müsste doch …

»TOOOOOOOOOOOOOOR!«

Was? Nein! Nicht schon wieder! Ich habe es wieder nicht gesehen!

Ich springe auf und sehe kopfschüttelnde Bayern und jubelnde Frankfurter auf dem Platz. Unglaublich, was ist denn heute hier los?

»Was für ein Hammer!«, schwärmt Fred und umarmt mich kräftig. »Sensationell!«

Allerdings, das kann ich nur bestätigen, als ich es auf dem Videowürfel sehe. Ein Blitz-Konter mit fulminantem Abschluss, großartig! Sind wir heute so gut oder die Bayern so schlecht?

»Ich setze hunderttausend auf Sieg!«, schreit Fred in die Menge.

»Langsam, langsam«, zügele ich ihn. »Am Ende nimmt dich noch jemand ernst. Und es sind immer noch sechzig Minuten zu spielen. So schnell darf man die Bayern nicht abschreiben.«

»Mach ich aber!«, erwidert Fred grinsend. »Ich

schreibe die Bayern jetzt offiziell für heute ab! Die Bayern sind eine einzige Abschreibung!«

»Abschreibungen sind aber ein ganz anderes Thema«, sage ich. »Wir waren gerade bei Zins und Tilgung.«

Ich greife wieder nach meinem Smartphone, öffne Google und tippe »Tilgungsrechner« ein. Nichts passiert. Ach so, stimmt ja, ich habe hier im Stadion immer katastrophalen bis gar keinen Empfang. Höchste Zeit, mal wieder den Netzbetreiber zu wechseln.

»Kann ich mal deins haben?«, frage ich Fred und zeige auf mein Smartphone. »Ich hab keinen Empfang.«

»Ich auch nicht«, sagt Fred. »Ich habe nämlich nicht mal ein Smartphone. Ich hantiere immer noch mit meinem alten Nokia herum, das reicht mir vollkommen.«

»Okay, macht nichts, dann eben ohne«, sage ich. »Ist auch nur halb so kompliziert, wie es sich anhört. Grundsätzlich gilt: Je höher die Tilgungsrate, desto schneller ist der Kredit abbezahlt. Und je schneller die Schulden bezahlt sind, desto weniger Zinsen, sprich, Kosten, fallen an.«

»Klingt logisch.«

»So ist es. Die beste Variante wäre natürlich ein Volltilgungsdarlehen. Da ist das Ziel, gleichzeitig zum Laufzeitende der Zinsfestschreibung nach zehn, fünfzehn oder zwanzig Jahren mit der Tilgung fertig zu sein, damit keine Restschuld bleibt. Dadurch wird keine Anschlussfinanzierung nötig, und man hat diesbezüglich kein Zinsrisiko.«

»Und das kommt für uns nicht infrage, weil?«

»Weil die Raten da sehr hoch wären, das ist bei eurem Budget nicht drin. Wenn man sich das leisten kann, ist es aber die eleganteste Variante.«

»Verstehe. Wir können uns aber nur ein Annidingsbums-Darlehen leisten.«

»So ist es. Und dabei müsst ihr darauf achten, dass die Tilgung so hoch wie möglich ist. Viele Leute nehmen eine geringere Tilgung, obwohl sie sich mehr leisten könnten, das ist Blödsinn. Dadurch wird nur die Laufzeit höher, und man zahlt dementsprechend länger Zinsen, was für die Bank natürlich super ist.«

»Okay, über die Höhe der Tilgung kann ich also mitentscheiden. Über die der Zinsen wahrscheinlich nicht, oder?«

»Wie gesagt, am aktuellen Zinsniveau kannst du nichts ändern. Aber du kannst die Laufzeit der Zinsfestschreibung wählen. Da gibt es eine variable Möglichkeit, bei der die Zinsen meistens vierteljährlich angepasst werden, was dann natürlich auch alle drei Monate Stress bedeutet – die Zinsen können fallen, oder natürlich auch steigen. Die andere Variante wäre, die Zinsen auf fünf, zehn oder sogar zwanzig Jahre festzuschreiben, dann hast du die nächsten zwanzig Jahre deine Ruhe. In der Regel gibt es für das variable Modell günstigere Zinsen und für die lange Laufzeit höhere.«

»Und von diesen beiden Möglichkeiten muss ich mir eine aussuchen?«, fragt Fred.

»Ja«, sage ich. »Wobei es da bei der Festschreibung noch eine Besonderheit gibt. Bei mehr als zehn Jahren Festschreibung kannst du jederzeit außerordentlich kündigen. Das hat den Vorteil, dass du eventuell einen günstigeren Zins für eine Anschlussfinanzierung kriegst, dann kannst du mit einem niedrigeren Darlehen preiswerter weiterfinanzieren. Das muss man sich nur merken und eben nach zehn Jahren regelmäßig überprüfen.«

»Okay, darauf werden wir achten.«

»Worauf *wir* allerdings jetzt nicht geachtet haben, ist die Tatsache, dass unser Bier alle ist.«

Ich zerknülle meinen Becher demonstrativ.

»Wie lang ist es denn noch bis zur Halbzeit?«, frage ich.

»Fünf Minuten«, sagt Fred nach einem Blick auf seine Uhr.

»Sollen wir schon mal hochgehen?«, frage ich. »Da passiert jetzt sowieso nichts mehr, und gleich ist es wieder so voll am Bierstand. Außerdem müsste ich dringend mal austreten.«

»Guter Plan, ich auch«, sagt Fred, und wir machen uns auf den Weg.

Fred holt schon mal Bier, während ich die Örtlichkeiten aufsuche. Als ich am Pissoir stehe, tritt ein Bayern-Fan in voller Montur neben mich. Er sieht nicht glücklich aus, schüttelt immer wieder den Kopf und flucht leise vor sich hin. Ich kann nicht anders, ich muss ihn angrinsen.

»Läuft nicht so heute, was?«, sage ich.

»Hör mir bloß uff«, stöhnt er. »Hätt ich das geahnt, wär ich zu Haus geblibbe.«

»Du bist extra aus München hergefahren?«, frage ich.

»Nein, aus Bergen-Enkheim«, antwortet er.

Ah, das erklärt seinen hessischen Akzent. Das habe ich ja nie verstanden, wie man aus Frankfurt stammen und dann Bayern-Fan sein kann. Oder Dortmund. Oder HSV. Oder sonst was. Es ergibt doch viel mehr Sinn, wenn man Fan seines Heimatvereins ist. Da spart man nämlich jede Menge Geld bei Heimspielen.

»Dann geht's ja noch«, sage ich grinsend zu dem Frankfurter Bayern-Fan. »Außerdem ist ja noch nicht alles verloren. Ihr habt ja noch eine Halb...«

»TOOOOOOOOOR!«, schallt es in diesem Moment von draußen zu uns herein.

Was, echt? Verfluchter Mist! Das kann doch nicht wahr sein! Schießen die tatsächlich kurz vor der Halbzeit noch eins, und ich habe es wieder nicht gesehen!

Der Bayern-Fan lässt sich mit dem Kopf nach vorne an die Kacheln kippen und seufzt sehr tief. Ich schließe so schnell wie möglich und zum Glück unfallfrei meine Hose und eile nach draußen.

Fred wartet schon mit zwei Bierbechern auf mich.

»Hast du's mitgekriegt? Drei zu null!«, sagt er aufgeregt. »Hammer-Freistoß! Durch die Mauer direkt in den Winkel, der Torwart hatte keine Chance!«

Ich sehe auf dem Videowürfel gerade noch das Ende der Zeitlupe. In der Tat, das war ein Hammer-Freistoß.

»Darf ich jetzt die hunderttausend setzen?«, fragt Fred grinsend.

»Jetzt kriegst du nichts mehr dafür«, erwidere ich ebenfalls grinsend. »Die Quote ist spätestens seit zwei Minuten endgültig im Keller.«

»Das stimmt natürlich«, sagt Fred. »Dann eben doch ein Kredit. Hier, halt mal.«

Er drückt mir die Bierbecher in die Hand und verschwindet auf der Toilette.

Anschließend holen wir uns noch zwei Bratwürste, essen sie gemütlich, leeren unsere Becher und holen uns noch zwei neue.

Eine Viertelstunde später sitzen wir pünktlich zum Anstoß wieder auf unseren Plätzen, umgeben von unzähligen glücklich strahlenden Frankfurtern. Was für ein Festtag! Zur Halbzeit eine Drei-zu-Null-Führung gegen die Bayern! Fred hat nicht ganz unrecht – hätte man das vorher getippt, wäre die Gewinnquote wahrscheinlich exorbitant gewesen. Aber das ist auch etwas, das man sich immer sparen sollte: verpassten Gelegenheiten nachzutrauern.

»Also, wo waren wir?«, frage ich Fred.

»Tilgung, Zinsen, irgendwas mit Festschreibung«, antwortet er.

»Ach ja, genau, das Annuitätendarlehen«, finde ich den Faden wieder. »Hast du dazu noch Fragen?«

»Du hast gesagt, dass man die Tilgung möglichst hoch ansetzen sollte, damit sich die Laufzeit verringert. Mit was für einer Laufzeit müsste man in unserem Fall denn ungefähr rechnen?«

»Moment«, sage ich und zücke wieder mein Smartphone. »Ich rechne das mal kurz durch.«

Der Taschenrechner funktioniert ja zum Glück auch ohne Empfang, also tippe ich drauflos. Ich bin gerade mitten im Rechnen, als das heute offenbar Unvermeidliche geschieht.

»TOOOOOOOOOOOOOOOOR!«

Ja, spinnen die denn jetzt völlig?! Ihr könnt doch nicht beim ersten Angriff nach Wiederanpfiff gleich ein Ding reinmachen! Das ist doch nicht normal! Langsam nehme ich das echt persönlich.

»Verfluchte Kacke noch mal!«, fluche ich und ernte unverständige bis anfeindende Blicke aus meiner näheren Umgebung.

»Äh … nein!«, sage ich schnell und vollziehe abwehrende Gesten mit beiden Händen. »So war das nicht gemeint! Das war auf was Anderes bezogen!

Echt! Ich freu mich! Total! So ein Tag, so wunderschön wie heute!«

Ich ernte noch ein paar fiese Blicke, während ich mir das Tor in der Wiederholung anschaue. Oh, das war aber auch echt ein schönes! Fallrückzieher aus sechzehn Metern, das wird garantiert Tor des Monats. Und ich habe es wieder nicht live gesehen. Aber das passiert mir garantiert nicht noch mal, ab jetzt wende ich meinen Blick bis zum Abpfiff nicht mehr vom Spielfeld.

Ich rechne so schnell wie möglich zu Ende, wobei ich alle zwei Sekunden auf den Platz schiele.

»Also«, sage ich, als ich fertig bin. »Bei einem Zinssatz von drei und einer Tilgung von zwei Prozent seid ihr bei einer Laufzeit von ungefähr dreißig Jahren.«

»Doch so lang? Dann bin ich ja fast in Rente, wenn das Haus abbezahlt ist.«

»Nicht zwingend. Wenn man die Tilgung auf vier Prozent verdoppelt, wärt ihr schon nach achtzehn Jahren fertig.«

»Aber das können wir uns nicht leisten, weil dann die Rate zu hoch wäre?«

»Genau. Aber das gilt ja nur für jetzt. Vielleicht habt ihr ja irgendwann mehr Geld übrig. Wenn eine Gehaltserhöhung reinkommt, zum Beispiel, oder die Kinder aus dem Haus sind. Dann könnt ihr die Tilgungsrate erhöhen, und es geht schneller.«

»Okay. Das heißt, wir müssen immer wieder mal

gucken, ob nicht mehr drin ist, und das dann sofort ins Haus stecken.«

»Ja, das ist wichtig. Die meisten Leute lassen so einen Kredit einfach weiterlaufen, ist ja auch bequemer. Das ist aber alles verschenktes Geld. Je kürzer die Laufzeit, desto weniger Zinsen muss man bezahlen, hab ich ja schon gesagt.«

»Gut, da werden wir drauf achten.«

»Ach ja, noch was: Während der Zinsfestschreibung läuft die Ratenzahlung wie anfangs vereinbart. Du kannst nicht plötzlich mal eben so die Hälfte des Darlehens zwischendurch zurückzahlen, falls irgendwie unverhofft Geld reinkommt, das geht erst am Ende der Festschreibung, da wird dann einfach die Anschlussfinanzierung niedriger. Achte am besten darauf, dass im Kreditvertrag steht, dass Sondertilgungen möglich sind. Bei den meisten Verträgen ist das automatisch mit drin, manchmal aber eben nicht. Dann kann man zumindest fragen, ob sie es kostenlos mit reinnehmen. Wenn sie dafür die Zinsen erhöhen wollen, lass es sein.«

»Okay. Und Sondertilgung bedeutet was genau?«

»Eine Sondertilgung kannst du machen, wenn ... TOOOOOOOR! TOOOOOOOR! TOOOOOOOO-OR!«

Was für ein schöner Angriff über links! Perfekte Flanke! Super-Kopfball! Fünf zu null! Wahnsinn! Und das Beste daran: Ich habe es gesehen!

»Abseits«, sagt Fred trocken.

»Nie im Leben war das Abseits!«, entgegne ich. »Der Linienrichter ist blind! Und ein Betrüger!«

»Wart's ab, der Schiri hat Videobeweis angefordert.«

Der Schiri greift an sein Ohr. Zwei Sekunden später zeigt er an, dass es kein Tor war.

»Oh Mann!«, stöhne ich. »Ich werde beim geilsten Spiel des Jahres im Stadion gewesen sein und kein einziges Tor gesehen haben.«

»Wart's ab, die machen noch eins«, sagt Fred grinsend. »Wie war das jetzt mit der Sondertilgung?«

»Ach so, ja«, sammle ich mich wieder. »Sondertilgungen sind häufig standardmäßig bis zu einem bestimmten Prozentsatz einmal pro Jahr erlaubt, das sind meistens fünf bis zehn Prozent der Kreditsumme. Das sollte man auch machen, wenn es plötzlich Geld regnet. Lottogewinn, Erbtante, man weiß ja nie. Oder für Leute, die Gratifikationen oder Bonuszahlungen erhalten, da ist das auch sinnvoll.«

»So was krieg ich nicht, bin ja kein überbezahlter Bänker«, sagt Fred grinsend.

»Tja, dumm gelaufen«, erwidere ich ebenfalls grinsend. »Aber für euch könnte das interessant werden, wenn deine Frau nach der Elternzeit wieder arbeiten geht, dann habt ihr ja wieder mehr Geld zur Verfügung. Das spart ihr einfach nebenbei an und nehmt es für eine Sondertilgung. Sollte die Bank allerdings standardmäßig keine Sondertilgung anbieten und dafür einen Aufpreis verlangen, dann lasst es lieber.«

»Alles klar, merk ich mir. Sonst noch was?«

»Nein, das war's eigentlich. Die vier Ls, Annuitätendarlehen ... Ach so, ja, abschließend vielleicht noch das: Finger weg von allen anderen Kreditvorschlägen. Da gibt es die abenteuerlichsten Sachen. Darlehen ohne Tilgung, bei denen die Tilgungsrate in eine Lebensversicherung fließt, mit der bei Ablauf getilgt wird. Oder noch doller, wenn die Tilgungsrate in einen Aktiensparplan fließt. Alles Blödsinn, weil letztlich doch teurer. Wenn man sich kein Volltilgungsdarlehen leisten kann, ist ein gewöhnliches Annuitätendarlehen immer die eleganteste Lösung, alles andere ist Humbug und nur darauf angelegt, dir das Geld aus den Taschen zu ziehen.«

»Gut, dann machen wir das auf jeden Fall«, sagt Fred. »Aber wann ist denn der beste Zeitpunkt? Ich meine, es dauert ja noch ein paar Monate, bis unsere Bekannten ausziehen.«

»Das macht nichts, du kannst das alles sofort in die Wege leiten. Sobald ihr euch geeinigt habt, machst du einen Termin bei der Bank. Da brauchst du dann auch schon alle Unterlagen zum Haus, ein Kredit ist ja immer an eine konkrete Immobilie gebunden. Es ist aber kein Problem, den Kauf jetzt schon abzuwickeln, und die Übergabe des Hauses sowie des Geldes findet dann in ein paar Monaten statt. Für einen Immobilienkauf braucht man so oder so einen Notar, da kann man das alles vorher mit in den Kaufvertrag aufnehmen lassen. Den Notartermin machst du allerdings erst, wenn du die Kreditzusage der Bank hast.«

»Ah, okay, gut zu wissen. Dann mache ich gleich mal am Montag einen Termin mit meiner Hausbank. Bin gespannt, was die mir anbieten.«

»Ja, mach das. Und danach suchst du dir gleich einen Galgenmännchen-Vermittler und vergleichst die Angebote.«

»Perfekt, so wird das gemacht. Vielen Dank für die kostenlose Beratung, du bist echt der Beste!«

»Kostenlos?«, erwidere ich und strecke ihm demonstrativ meinen leeren Bierbecher entgegen. »Ich nehme meine Provision gerne in Naturalien.«

»Selbstverständlich«, sagt Fred lachend und steht auf. »Ich hole Nachschub. Willst du mitkommen?«

»Auf gar keinen Fall«, sage ich. »Vor Abpfiff bewege ich mich hier keinen Zentimeter mehr weg. Ich werde nicht noch ein Tor verpassen.«

Und es wird noch eins fallen. Ganz sicher. Es kann ja wohl echt nicht sein, dass ich hier bin und beim torreichsten Eintracht-Spiel seit langem kein einziges Tor sehe.

Zur fünfundsiebzigsten Minute ist allerdings immer noch keins gefallen. In der achtzigsten machen die Bayern fast den Ehrentreffer. In der fünfundachtzigsten kriegt ein Eintracht-Spieler die rote Karte wegen wiederholten Meckerns. In der neunundachtzigsten Minute ist immer noch nichts passiert.

»Da passiert nichts mehr«, sagt Fred. »Lass uns abhauen. Wir können ja im Irish Pub am Bahnhof noch ein bisschen feiern. Und wenn wir jetzt aufbrechen, kriegen wir vielleicht sogar noch zwei Plätze an der Theke.«

»Auf keinen Fall«, erwidere ich. »Ich bleibe hier so lang sitzen, bis ich die Pfeife höre. Ich hab keine Lust, draußen vor dem Stadion zu sein, wenn noch ein ...«

»TOOOOOOOOOOR!«, erschallt es ohrenbetäubend um uns herum.

Na super. Es ist noch ein Tor gefallen, das Fünf-zu-Null. Und diesmal habe ich es sogar live gesehen. Aber es war ein dämliches Eigentor! Eine völlig unnötige und saudumm verstolperte Rückgabe! Da war noch nicht mal ein Eintracht-Spieler in der Nähe! Und somit habe ich immer noch kein echtes Eintracht-Tor heute gesehen! Verflucht noch mal!

Zwei Minuten später pfeift der Schiri ab, und wir brechen auf.

»Fünf zu null! Fünf zu null! Fünf zu nuuuuuull!«, grölt Fred auf dem Weg nach draußen – und ich steige mit ein. Auch wenn ich leider keins der Tore gesehen habe, ist das natürlich ein großartiges Ergebnis, über das ich mich wahnsinnig freue. Ich fürchte, der Abend wird noch lang und äußerst feuchtfröhlich.

»Fünf zu null! Fünf zu null! Fünf zu nu-uuuuull!«

Ja, ich weiß. Die Eintracht hat bisher nur ein einziges Mal fünf zu null gegen die Bayern gewonnen, am 19. August 1962 in der Oberliga Süd. Und da war ich noch gar nicht geboren, und es gab noch keine Videowürfel und blablabla, kann ja alles nicht sein, völlig unrealistisch. Stimmt. Aber dies ist mein Buch. Und deshalb kann ich die Eintracht hier so spielen lassen, wie es mir gefällt. Ist ja schließlich kein Fußballfaktenbuch, sondern eins über Finanzen, und diesbezüglich stimmt jedes einzelne Wort. Euer Gemecker könnt ihr euch also sparen – das prallt an mir ab wie die Deutsche Meisterschaft an der Eintracht.

Eigenheim – das Wichtigste auf einen Blick

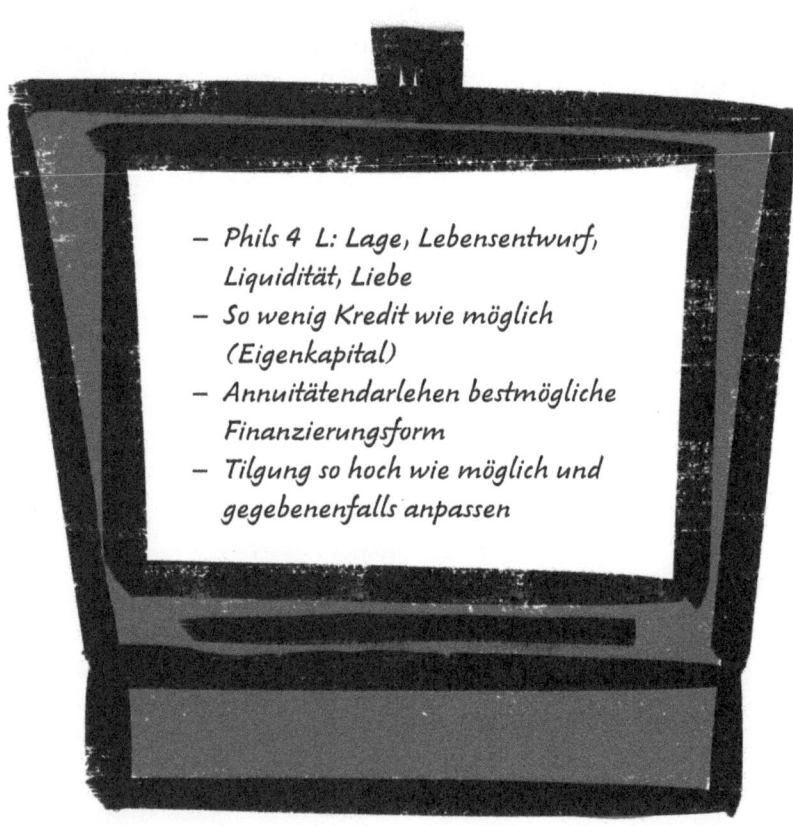

- *Phils 4 L: Lage, Lebensentwurf, Liquidität, Liebe*
- *So wenig Kredit wie möglich (Eigenkapital)*
- *Annuitätendarlehen bestmögliche Finanzierungsform*
- *Tilgung so hoch wie möglich und gegebenenfalls anpassen*

LANGFRISTIG im Zug

»ICH WILL ABER JETZT POKÉMON!«, brüllt der Kleine.

»Der Herr Will ist gestorben«, stöhnt sein Vater entnervt. »Bei einem Zugunglück. Herr Will, Frau Jetzt, Tante Mir-ist-langweilig, die ganze Familie ist dabei draufgegangen.«

»Aber Theo!«, erwidert seine Frau entrüstet und hält dem Jungen die Ohren zu. »So was kannst du doch nicht sagen! Er ist doch noch ein Kind! *Dein* Kind!«

»Bist du dir da wirklich sicher?«, brummt der Mann. »Du hast nicht zufällig zwischendurch mal mit einem Typen geschlafen, der nach Schwefel roch und Hörner hatte?«

»Das ist nicht witzig, Theo«, erwidert seine Frau. »Du weißt ganz genau, dass er dein Sohn ist. Und seinem Sohn erzählt man keine Schauergeschichten von Leuten, die bei einem Zugunglück gestorben sind. Schon gar nicht, wenn man gerade in einem Zug sitzt. Willst du den Kleinen etwa für den Rest seines Lebens traumatisieren?«

»Ist die Frage, wer hier wen traumatisiert«, sagt der Mann.

Also, einer wird hier mit Sicherheit traumatisiert, und das bin ich. Was habe ich mich auf diese Zugfahrt gefreut. Ich fahre nämlich sehr gerne Zug, das ist mein Lieblingstransportmittel – wenn nicht gerade ein extrem nerviger Rotzlöffel in meiner unmittelbaren Nähe randaliert. Sonst hat Zugfahren immer eine sehr entspannende Wirkung auf mich. Man sitzt gemütlich da, kann in aller Ruhe lesen oder vor sich hin dösen und muss sich nicht über andere Autofahrer oder die Verkehrslage ärgern. Und Bahnfahren ist nicht nur stressfreier als eine Reise mit dem Auto, sondern im besten Fall auch noch günstiger. Dafür muss man nur ein bisschen auf Zack sein und rechtzeitig zum Stichtag drei Monate vorher buchen, dann kriegt man die Tickets oft superbillig. Zugegeben, so ganz reibungslos läuft es mit der Bahn auch nicht immer, ich hatte schon meinen Anteil an Verspätungen und verpassten Anschlusszügen, lasse mir davon aber nicht über Gebühr die Laune verderben. Heute ging es zumindest pünktlich los, und einen Anschluss kann ich nicht verpassen, da dieser Zug bis Sylt durchfährt. Hach, wie ich mich auf diesen Kurzurlaub freue. Ich fahre, wenn möglich, einmal im Jahr dorthin, immer Anfang Herbst, nach der Hauptsaison. Da ist es schön ruhig – im Gegensatz zu hier.

»POKÉMON! POKÉMON! POKÉMON!«, brüllt

der Kleine und trommelt dabei mit den Fäusten an die Scheibe der Schiebetür.

»Da, hörst du?«, sagt sein Vater. »Er spricht sogar in dämonischen Zungen.«

»Er will doch nur sein Spiel spielen«, entgegnet die Frau. »Jetzt gib ihm schon dein Handy.«

»Nein, das werde ich nicht tun«, erwidert der Mann. »Er muss auch mal lernen, dass er nicht immer gleich alles kriegt, nur weil er brüllt. Setz dich hin, Hans-Wilhelm! Und bleib sitzen! Keinen Mucks will ich mehr hören! Haben wir uns verstanden?«

Hans-Wilhelm? Das ist nicht deren Ernst, oder? Ich meine, ich habe in meinem näheren Umfeld schon mitgekriegt, dass derzeit alte Namen wieder total angesagt sind. Die Letztgeborenen meiner Freunde/Bekannten/Verwandten heißen Emma, Otto, Friedrich, Auguste und Günther. Emma geht ja noch, das finde ich sogar ganz süß, aber wer tut denn seinem Sohn bitte schön Friedrich an? Oder Günther? So hieß bei uns in der Grundschule der Klassendepp, von dem immer gemunkelt wurde, dass seine Eltern Geschwister seien. So nennt man doch heutzutage kein Kind mehr. Aber okay, offenbar geht es noch schlimmer, wie Hans-Wilhelm deutlich belegt.

»BÖSER PAPA!«, brüllt der Kleine und lässt sich auf den Boden fallen. »ICH SAG'S DER OMA! DIE SCHIMPFT DICH! POKÉMON! POKÉMON! POKÉMON!«

»Siehst du? Das ist der Beweis«, sagt der Mann. »Er droht mir mit meiner Schwiegermutter. Er muss aus der Hölle kommen.«

»Jetzt fang nicht wieder damit an«, erwidert seine Frau. »Wir besuchen sie nur einmal im Jahr.«

»Stimmt«, sagt der Mann. »Und an Weihnachten kommt sie immer zu uns. Und bleibt gefühlt bis Ostern.«

»Jetzt übertreib mal nicht«, sagt die Frau. »Drei Wochen. Nur drei Wochen war sie das letzte Mal da.«

»Ja, aber Nerven gekostet hat sie mich für zehn mit ihrer ständigen Meckerei«, erwidert der Mann.

»Ach, sie meint das doch nicht so«, sagt die Frau. »Sie ist nur ein bisschen …«

»Anstrengend?«, fällt ihr der Mann ins Wort. »Nervtötend? Übergriffig?«

»Frustriert«, erwidert die Frau. »Frustriert wollte ich sagen. Seit Papas Tod sitzt sie ganz allein da oben in Hamburg, und die Decke fällt ihr auf den Kopf. Ich glaube, sie ist sehr einsam.«

»Und das muss sie unbedingt an mir auslassen?«, fragt der Mann. »Mal ganz im Ernst, das hat sie sich doch selbst zuzuschreiben. Ist ja nicht so, als wäre sie hundert Jahre alt und könnte das Haus nicht mehr verlassen. Sie ist fünfundsechzig, da geben andere Leute erst richtig Gas, bereisen die Welt, heiraten noch mal oder gründen fröhlich-rüstig Senioren-WGs.«

»Eine Senioren-WG?«, sagt die Frau. »Ich glaube, das ist nichts für Mama. Sie mag keine fremden Leute in ihrer Küche.«

»Deine Mutter mag überhaupt keine Leute«, sagt der Mann.

»DOCH! OMA MAG MICH!«, brüllt der Kleine. »GANZ DOLLE! ICH DARF IMMER MIT OMAS HANDY POKÉMON SPIELEN!«

»Klar darfst du das«, sagt sein Vater. »Weil Oma noch nicht mal weiß, wo sie ihr Handy einschalten muss, obwohl ich es ihr an Weihnachten fünfundachtzig Mal gezeigt habe. Weißt du noch, wie ich ihr bei unserem letzten Besuch den Waschmaschinenschlauch wieder dranstecken musste? Er war einfach nur abgerutscht, aber sie hat ein halbes Jahr lang ihre komplette Wäsche in den Waschsalon geschleppt, anstatt sich selbst drum zu kümmern. Diese Frau ist so unselbstständig! Jede Wette, wenn da mal die Haustür klemmt, verhungert sie eher, bevor sie selbst einen Hammer in die Hand nimmt oder jemanden beauftragt.«

»Na ja, solche Sachen hat eben immer Papa gemacht«, sagt seine Frau. »Sie sagt, sie sei zu alt, um so was noch zu lernen.«

»Quatsch, zu alt«, erwidert der Mann. »Sie ist einfach nur bockig. Und warum besucht sie eigentlich nicht mal deinen Bruder zu Weihnachten? Den hat sie doch jetzt schon seit drei Jahren nicht mehr gesehen.«

»Das ist zu teuer«, erklärt die Frau. »Sie kann sich keinen Flug nach Texas leisten bei ihrer kleinen Rente.«

»ENTE! ENTE! ENTE! ENTE!«, brüllt der Kleine und dreht sich dabei im Kreis.

»Rente, Hans-Wilhelm«, verbessert ihn sein Vater. »Das heißt Rente. Etwas, das du wahrscheinlich gar nicht mehr kriegen wirst.«

»RENTE! RENTE! RENTE! RENTE!«, brüllt der Kleine weiter und kreist dabei in die andere Richtung.

»Ich dreh gleich durch hier«, stöhnt der Vater. »Kannst du ihn nicht mal für eine Minute abstellen? Haben wir nicht diese Likörpralinen für deine Mutter dabei? Gib ihm ein paar davon, vielleicht knockt ihn das aus.«

»Du spinnst wohl!«, empört sich die Mutter. »Du kannst doch deinen Sohn nicht mit Alkohol ruhigstellen, nur weil er ein bisschen lebhaft ist!«

»Also, erstens: Das war natürlich nur ein Spaß«, sagt der Vater. »Und zweitens: ein bisschen lebhaft? Er benimmt sich wie ein Schimpanse auf Koks!«

»KOKS! KOKS! KOKS! KOKS!«, brüllt der Kleine.

»Na toll«, motzt seine Mutter. »Und ich darf meiner Mutter dann wieder erklären, wo ihr Enkel die bösen Wörter aufgeschnappt hat.«

»Schieb's ruhig auf mich«, sagt der Vater. »Mich kann sie eh nicht leiden.«

Der Kleine klettert auf den leeren Sitz neben mir, hüpft wild auf und ab und brüllt weiter.

»ENTE! RENTE! KOKS! ENTE! RENTE! KOKS! ENTE! RENTE! KOKS!«

»Tu dir nicht weh, Schatz!«, mahnt seine Mutter. »Und pass auf den Mann auf!«

Ja, bitte. Immer schön auf den Mann aufpassen. Der Mann will nur nach Sylt und seine Ruhe haben. Und der Mann ist sehr froh, dass nach der Hauptsaison so gut wie keine Knirpse mehr dort am Strand herumhüpfen – diese Zugfahrt deckt meinen Bedarf an Kindergesellschaft locker für die nächsten drei Monate ab.

Wobei es nicht so ist, als würde ich keine Kinder mögen oder ihre Existenzberechtigung in meiner Umgebung gar grundsätzlich infrage stellen. Ich mag Kinder. Punkt. Kein Aber, kein »Solange es nicht meine eigenen sind«. Kinder sind okay. Dafür, dass sie von ihren Eltern oftmals maßlos überbewertet werden, können sie ja nichts. Und das ist jetzt noch nicht mal be- oder gar abwertend gemeint. Wahrscheinlich wäre ich als Vater genauso, aber ich habe nun mal keine Kinder. Das war keine bewusste Entscheidung, ich habe es nie ausgeschlossen, Vater zu werden, es hat sich nur bislang nicht ergeben. Ich meine, da gehören ja doch nach wie vor zwei dazu, und mit meinen verflossenen Zweien war ich nie an dem Punkt, an dem eine eventuelle Familiengründung anstand. Nun komme ich langsam in ein Alter, in dem ich mich keinem Kind mehr antun und meine

Partnerwahl nicht nach dem Kriterium Gebärfähigkeit treffen möchte.

Ein Bekannter von mir hat mit fünfzig sein erstes Kind gekriegt, mit zweiundfünfzig gleich das nächste hinterher. Das läuft auch alles prima, er ist glücklich, seine zwanzig Jahre jüngere Frau auch, aber für mich wäre das nichts. Die Vorstellung, dass mein Kind an meinem siebzigsten Geburtstag stolz verkündet, seinen Führerschein geschafft zu haben, finde ich irgendwie ... gruselig. Aber das soll jeder für sich selbst entscheiden. Und *jede*, vor allem. Da bin ich ganz klar Feminist, spätestens seit sich eine gute Freundin auf Facebook einen Shitstorm eingefangen hat, nur weil sie gepostet hat, sie möchte ihr Leben ohne Nachwuchs gestalten. Unfassbar, was da an Kommentaren kam, das glich schon fast einer Hexenjagd. Wenn eine Frau sich bewusst dafür entscheidet, keine Kinder zu kriegen, dann ist das verdammt noch mal allein ihre Sache und Entscheidung, dafür hat sie niemand zu kritisieren, beleidigen, diffamieren und schon gar nicht zu hassen. Und das hat auch rein gar nichts mit Meinungsfreiheit zu tun. Öffentlich geäußerter Hass ist keine Meinung, das ist einfach nur kleingeistig, armselig und widerlich. Lasst eine Frau doch Kinder kriegen oder eben keine Kinder kriegen, wie sie das möchte, das geht niemanden etwas an.

Bei manchen Frauen würde ich persönlich mir zeitweise sogar wünschen, sie hätten sich zum Wohle ihrer Umwelt ganz bewusst gegen Kinder entschieden – aktuell Anwesende ausdrücklich eingeschlossen.

»ENTE! RENTE! KOKS! ENTE! RENTE! KOKS! ENTE! RENTE! KOKS!«, brüllt der Kleine neben mir hüpfend weiter.

Ich denke kurz darüber nach, ihm unauffällig einen leichten Schubser zu versetzen, damit er das Gleichgewicht verliert und auf seine nervig laute Schnauze fällt, entscheide mich aber dagegen – bringt ja doch nichts, dann schreit er wahrscheinlich nur noch lauter.

»Es reicht, Hans-Wilhelm!«, faucht sein Vater ihn an. »Wenn du dich nicht sofort hinsetzt und die Klappe hältst, sage ich dem Schaffner, er soll umdrehen, und wir fahren wieder nach Hause. Dann siehst du deine heißgeliebte Oma erst an Weihnachten wieder.«

Der Kleine wird urplötzlich still, setzt sich brav auf seinen Hosenboden und schmollt wohltuend tonlos vor sich hin. Das Praktische an Kindern ist ja, dass man ihnen selbst die unmöglichsten Dinge androhen kann, sie glauben einem einfach alles. Meine Großmutter hat früher immer zu mir gesagt, dass, wenn ich meinen Teller nicht aufesse, ein Engel im Himmel stirbt. Und ich habe ihr das unbesehen geglaubt. Ein paar Engel sind trotzdem regelmäßig draufgegangen, wenn es Fisch gab.

»Da wir gerade das Thema Rente hatten«, sagt die Frau zu ihrem Mann, der sich erleichtert nach hinten in den Sitz fallen lässt. »Wie sieht es da eigentlich bei uns aus? Du wolltest das doch mal überprüfen. Hast du das gemacht? Ich habe keine Lust, später so leben zu müssen wie meine Mutter. Sie muss jeden Cent einzeln umdrehen und kann sich überhaupt nichts leisten.«

»Ach stimmt, da war ja noch was«, sagt der Mann. »Bin noch nicht dazu gekommen. Mach ich aber demnächst.«

Hans-Wilhelm fängt an, sich abwechselnd links und rechts selbst zu ohrfeigen, und lacht dabei.

»Auf *ihn* dürfen wir jedenfalls nicht zählen«, sagt sein Vater leise. »Wahrscheinlich können wir froh sein, wenn er mit vierzig endlich auszieht. Aber wenigstens müssen wir kein Geld für sein Studium zurücklegen. Wenn er sich so weiterentwickelt, können wir froh sein, wenn er in die Grundschule versetzt wird.«

»Ach, jetzt hör doch mal auf damit, ihn ständig dümmer zu machen, als er ist«, erwidert die Frau. »Das ist doch nur eine Phase, das wächst sich ganz sicher noch raus.«

Hans-Wilhelm klettert vom Sitz, stellt sich vor die Abteiltür, rammt seinen Kopf dagegen und lacht.

»Wenn er so weitermacht, ist da nichts mehr übrig, was sich rauswachsen könnte«, sagt sein Vater seufzend.

»Was machst du denn da, Schätzchen?«, fragt die Frau und zieht Hans-Wilhelm von der Tür weg. »Lass das, das tut doch weh.«

»Gar nicht!«, sagt Hans-Wilhelm. »Ich bin ein Pokémon! Pokémons tut nichts weh! Lass mich!«

Er reißt sich von seiner Mutter los und knallt wieder mit dem Kopf an die Tür. Diesmal lacht er aber nicht, sondern fängt an zu heulen.

»Aua!«, jammert er flennend. »Tut weh!«

»Ich hab's dir doch gesagt!«, verliert die Mutter die Fassung. »Wieso hörst du nie auf mich? Scheiße aber auch!«

»Das ist auch ein gutes Wort«, sagt der Vater grinsend. »Das musst du dir unbedingt merken und nachher gleich der Oma zur Begrüßung sagen, Hans-Wilhelm.«

Ich drehe mich schnell zum Fenster, um mein Grinsen zu verdecken. Irgendwie mag ich den Vater ja, er ist erstaunlich unvoreingenommen, wenn es um seinen Sohn geht. Die meisten Väter, die ich kenne, lassen jede Art von Humor vermissen, wenn es um ihre Kinder geht.

»Das ist nicht lustig, Theo«, faucht die Frau ihn an.

»Dann ist es ja der perfekte Einstieg in die nächsten Tage«, entgegnet ihr Mann. »Die werden garantiert auch nicht lustig.«

Der Kleine plärrt weiter und reibt sich die Stirn. Seine Mutter nimmt ihn auf den Arm.

»Zeig mal her, Schätzchen«, sagt sie und betrachtet seine Stirn. »Das ist nicht so schlimm. Gleich tut's gar nicht mehr weh. Soll Mama mal pusten?«

»Nein«, sagt Hans-Wilhelm schluchzend. »Will Schokolade.«

»Natürlich«, seufzt die Mutter. »Er will Schokolade, was sonst? Gibst du mir mal bitte die Provianttasche runter?«

Der Mann steht auf und zieht einen Jutebeutel aus der Ablage. Die Mutter nimmt ihn entgegen und fängt an, darin herumzuwühlen.

»Wo ist denn die … Ich hatte sie doch … Das kann doch nicht … Mist, verdammter.«

»Du hast die Schokolade vergessen?«, fragt ihr Mann.

»Sieht ganz so aus«, sagt die Mutter seufzend.

»Na super«, stöhnt der Mann. »Unser wirksamstes Druckmittel, und du lässt es zu Hause liegen.«

»Hättest ja auch dran denken können«, frotzelt seine Frau zurück. »Wieso muss eigentlich immer ich an alles …«

»ICH WILL SCHOKOLADE!«, fängt der Kleine an zu brüllen. »SCHOKOLADE! SCHOKOLADE! SCHEISSE!«

»Hey, er hat sich das Wort gemerkt!«, sagt der Vater grinsend. »Vielleicht wird das ja doch noch was mit der Grundschule!«

»Jetzt ist's aber langsam echt mal genug mit deinen

dämlichen Witzen«, knurrt seine Frau ihn an. »Ich gehe mit Hans-Wilhelm in den Speisewagen, da gibt's bestimmt Schokolade. Pass du so lang auf unsere Sachen auf. Und denk mal drüber nach, ob du deinem Sohn einen Gefallen damit tust, wenn du dich ständig über ihn lustig machst. Wie soll er denn Selbstvertrauen entwickeln, wenn sein Vater ihn nur als Witzfigur behandelt?«

»SCHEISSEWAGEN! SCHEISSEWAGEN! SCHEISSEWAGEN!«, brüllt der Kleine drauflos.

»Um sein Selbstvertrauen mache ich mir keine Sorgen«, sagt sein Vater. »Aber ich fürchte, sein Wortschatz könnte zum Problem werden.«

»Du bist unmöglich!«, sagt seine Frau und verdreht genervt die Augen. »Komm, Schätzchen, wir gehen. Ich brauche jetzt unbedingt einen Kaffee.«

Sie nimmt den Kleinen an der Hand und verlässt das Abteil.

»Bring mir einen mit!«, ruft ihr Mann ihr hinterher.

Er schließt die Schiebetür des Abteils und lässt sich seufzend in den Sitz fallen.

»Ruhe«, murmelt er leise seufzend vor sich hin. »Göttliche Ruhe.«

Ich lächle, unsere Blicke treffen sich.

»Vielen Dank, dass Sie uns noch nicht aus dem Fenster geworfen haben«, sagt er.

»Ach, dafür ist doch später noch genug Zeit«, erwidere ich grinsend.

Er lacht kurz.

»Nein, ernsthaft, ich muss mich bei Ihnen entschuldigen«, sagt er. »Sie hatten sich diese Zugreise sicher anders vorgestellt. Weniger … lärmintensiv.«

»Halb so wild«, sage ich. »*Ich* muss ja nur … Wie weit fahren Sie?«

»Hamburg«, sagt er. »In Hamburg sind Sie uns los.«

»Okay, das schaffe ich. *Ich* muss ja nur noch die nächsten drei Stunden damit leben. Sie haben das Vergnügen wesentlich länger. Es sei denn, Sie wollen, dass ich Sie tatsächlich aus dem Fenster werfe.«

»Nein, sehr liebenswürdig, danke«, sagt er. »Das kann ich meiner Frau nicht antun. Ich weiß ja auch nicht, was mit dem Jungen los ist. Wir hatten schon überlegt, ob wir mit ihm zum Kinderpsychologen gehen. Vielleicht hat er ja ADHS im Frühstadium oder so was Ähnliches.«

»Oder vielleicht ist er einfach nur ein ganz normales, lebhaftes Kind?«, stelle ich ins Abteil. »Ich meine, man muss ja nicht immer gleich das Schlimmste vermuten. Kinder sind eben manchmal so, da muss man als Eltern dann halt durch.«

»Sind Sie vom Fach?«, fragt er mich. »Kennen Sie sich mit Kindern aus?«

»Nein«, sage ich lachend. »Absolut nicht. Das war nur die absolut unfachmännische, subjektive Meinung eines kinderlosen, alleinstehenden Zugreisenden. Aber, falls es Sie interessiert, gäbe es da etwas, wobei ich Ihnen tatsächlich mit ein paar fachmännischen Ratschlägen behilflich sein könnte.«

Er sieht mich verwundert an.

»Ich wollte nicht lauschen«, sage ich. »Aber nichts zu hören war unter diesen Umständen schlecht möglich. Es klang so, als möchten Sie sich über eine private Altersvorsorge informieren, schieben es aber vor sich her?«

»Ach so, das«, sagt der. »Ja, ich nehme mir das immer vor, vergesse es dann aber wieder. Lassen Sie mich raten: Sie sind Versicherungsvertreter und möchten mir etwas verkaufen?«

»Nein, keine Sorge«, sage ich lachend. »Ich will Ihnen nichts verkaufen. Ich hätte nur ein paar Tipps, die Ihnen weiterhelfen könnten. Das kostet Sie nichts außer ein bisschen Zeit, falls Sie die gerade erübrigen möchten.«

»Sie bieten mir also eine kostenlose Beratung für meine Altersvorsorge an?«, fragt er skeptisch. »Das bedeutet, Sie kennen sich mit Renten aus?«

»Mit Finanzen allgemein«, sage ich. »Ich komme aus dem Bankbereich und habe BWL studiert, falls Sie nach meiner Legitimation fragen.«

»Na ja, man muss heutzutage ja vorsichtig sein«, sagt er grinsend. »Am Ende unterschreibt man etwas und hat sein gesamtes Vermögen plötzlich irgendeiner defätistischen Sekte übertragen, deren Führer kurz nach dem ausgefallenen Weltuntergang in der Karibik untertauchen.«

»Ich versichere Ihnen, bei mir gibt es nichts zu unterschreiben«, erwidere ich. »Mir geht es schlicht und einfach darum, Leuten zu helfen, ihren finanziellen Weltuntergang im Alter zu vermeiden. Sie *müssen* das ja auch nicht machen, es ist nur ein Angebot.«

»Gut«, sagt er und lehnt sich mit hinter dem Kopf verschränkten Armen zurück. »Ich nehme Ihr Angebot gerne an. Schießen Sie los. Was kann ich machen, um im Alter nicht so zu enden wie mein heißgeliebter Schwiegerdrache?«

»Aktien«, sage ich kurz und knapp, nur um das Wort ins Abteil zu werfen und seine Reaktion darauf zu sehen.

Die meisten Leute reagieren sehr skeptisch bis hastig ablehnend, wenn man den Begriff Aktien ins Spiel bringt. Die diesbezüglichen Vorurteile sind mannigfaltig und weit verbreitet – und größtenteils wie viele Vorurteile unberechtigt.

»Aktien?«, wiederholt er fragend. »Darüber habe ich auch schon nachgedacht. Aber ich habe einfach zu wenig Ahnung davon, und mir fehlt die Zeit, mich da reinzuarbeiten. An sich finde ich das Thema aber ziemlich interessant.«

Okay, er ist schon mal nicht vehement und grundsätzlich dagegen, das ist die richtige Einstellung, damit kann ich arbeiten.

»Das heißt, Sie geben mir gleich einen streng geheimen Insiderbörsentipp, bei dem ich morgen für tausend Euro Aktien kaufe, und übermorgen ist ein Vermögen daraus geworden, und ich muss mir bis ins hohe Alter keine Sorgen mehr um Geld machen?«, fragt er.

Okay, so ganz ohne die üblichen Vorurteile geht es also nicht.

»Gegenfrage«, sage ich. »Wenn Sie davon ausgehen, dass die Börse so funktioniert, also, dass Reichtum von einem einzigen kleinen Insidertipp abhängt, wieso sind dann nicht alle Menschen stinkreich?«

»Na, weil nicht alle Menschen das Glück haben, mit einem Insider im Zug zu sitzen, vielleicht?«

»Und wieso sitzt ein Insider mit solch einem Wissen in der zweiten Klasse der Deutschen Bahn Richtung Sylt und nicht in seinem Privatjet auf dem Weg auf die Bahamas?«

»Hm, das stimmt natürlich. Ganz so einfach ist es also nicht?«

»Nein«, sage ich lachend. »Dann wäre ich garantiert nicht hier, sondern würde mir gerade von einer bildhübschen Stewardess den vierten Champagner servieren lassen. So funktionieren Aktien nicht. An der Börse geht es nicht darum, mit wenig Einsatz möglichst schnell reich zu werden.«

»Sondern?«

»Sie wissen schon, was eine Aktie ist?«

»Ich denke, ja. Wenn ich eine Aktie kaufe, gebe ich einer Firma Geld, um es möglichst zu vermehren, oder?«

»Na ja, ein bisschen mehr ist es schon. Sie kaufen mit der Aktie einen klitzekleinen Anteil am jeweiligen Unternehmen. Das heißt, Ihnen gehört dann sozusagen ein Teil des gesamten Unternehmens. Die Maschinen, der Fuhrpark, das Inventar, alles, was ein Unternehmen besitzt und für den laufenden Betrieb benötigt, daran sind Sie beteiligt. Mit dem Kauf einer Aktie werden Sie zum Anteilseigner. Und mit dem Geld, für das Sie die Aktien kaufen, investieren Sie in die Zukunft des Unternehmens, in der Hoffnung, dass dort gut gearbeitet und jedes Jahr Gewinne erzielt werden. Das liegt natürlich wiederum im Interesse der Unternehmer, so funktioniert Kapitalismus. Von den Gewinnen profitieren Sie entweder mit der Auszahlung als Dividende oder mit dem Anstieg des Aktienkurses.«

»Verstehe. Oder eben mit dem Verlust, falls das Unternehmen schlecht arbeitet.«

»Genau. Am besten verdeutlicht sich das, wenn ein Fußballverein an der Börse notiert ist, so wie Borussia Dortmund. Wenn die eine schlechte Saison spielen und nicht in die Champions League kommen, sinkt die Aktie sofort. Wenn sie aber für sehr viel Geld einen Spieler verkaufen und die Kasse sich dadurch füllt, steigt der Kurs. Geht es dem Verein gut, geht es der Aktie auch gut.«

»Das macht Sinn. Deswegen geht Eintracht Frankfurt auch wahrscheinlich nicht an die Börse, weil sowieso keiner die Aktien kaufen würde, wenn ständig der Abstieg droht.«

»Hey, Vorsicht«, sage ich grinsend. »Nichts gegen die Eintracht. Das ist mein Verein.«

»Tatsache? Dann ist's ja gut«, erwidert er ebenfalls grinsend. »Meiner nämlich auch.«

Wir geben uns High five.

»Ich wollte auch nichts gegen die Eintracht sagen, um Gottes willen«, sagt er. »Ich habe nur ein Beispiel für einen Verein gesucht, bei dem es wahrscheinlich *keinen* Sinn ergibt, an die Börse zu gehen. Dafür sollte man doch eher dauerhaft erfolgreich sein und nicht alle paar Jahre absteigen, oder sehe ich das falsch?«

»Nein, das stimmt absolut«, antworte ich. »Ich würde mir jedenfalls keine Eintracht-Aktien kaufen, da kann ich noch so sehr Fan sein. Aus finanzieller Sicht wäre das definitiv kein Pferd, auf das man sein Geld setzen sollte. Wobei, nein, sorry, falsch ausgedrückt, das klang jetzt so, als ginge es bei Aktien ums Wetten, Zocken und Spekulieren. Das passiert natürlich *auch* an der Börse, aber das hat nichts mit klugem Anlegen und vernünftigem Investieren zu tun. Leider sind Zocker und Spekulanten dafür mitverantwortlich, dass viele Leute die Finger von der Aktie lassen, was ich persönlich sehr schade finde. Wenn es um eine sichere, langfristige Geldanlage geht, führt nämlich kein Weg an der Aktie vorbei. Wobei das Zauberwort hier *langfristig* heißt.«

»Langfristig? Von welchem Zeitraum sprechen wir da?«, will der Mann wissen.

»Das lässt sich am besten an einer Statistik verdeutlichen«, erkläre ich. »Es gibt Erfahrungswerte, Aktien und die Börse existieren ja nicht erst seit gestern. Und diese Erfahrungswerte zeigen beispielsweise die durchschnittlichen Gewinn- und Verlustwerte nach bestimmten Zeiträumen. Wenn wir uns die Werte zum Beispiel täglich angucken, dann liegt die Chance für Gewinn oder Verlust bei fünfzig-fünfzig. Wenn wir Jahreszeiträume nehmen, sind wir bei ungefähr siebzig-dreißig. Wenn es in den langfristigen Bereich geht, also bis zu zwanzig oder mehr Jahre, geht die Tendenz eindeutig in Richtung Gewinn.«

»Das bedeutet, je länger ich meine Aktien behalte, desto höher ist die Chance, dass ich damit Gewinn mache?«

»So ist es, je länger, desto besser. Bei Zeiträumen von mehr als zwanzig Jahren gab es in der Vergangenheit nie Verluste. Und das mit dem Verlust ist psychologisch extrem wichtig. Forscher haben herausgefunden, dass es bei Menschen eine Verlustaversion gibt. Und zwar ist ein Verlust unserem Empfinden nach fast doppelt so schlimm, wie ein Gewinn schön ist. Wenn wir zehn Euro auf der Straße finden, freuen wir uns einen Tag lang, aber wenn wir zehn Euro verlieren, ärgern wir uns zwei Tage lang darüber. Diese Verlust-aversion ist der Grund dafür, weshalb so wenige Leute in Aktien investieren, obwohl sie nachweislich die beste Anlageform der Geschichte sind. Allerdings eben nur, wenn man länger als zehn Jahre anlegt und sich zwischendurch nicht von Verlusten abschrecken und nervös machen lässt.«

»Das heißt, am besten guckt man gar nicht regelmäßig nach, wie die Aktien aktuell stehen?«

»Das ist die beste Taktik«, sage ich. »Dann macht man sich auch nicht verrückt, wenn sie zwischendurch fallen, was *immer* passieren kann. Die Börse macht ja meistens den Eindruck, total aufgeregt und spannungsgeladen zu sein. Wenn man richtig anlegt, ist das Ganze aber total langweilig, weil eben langfristig. Darf ich fragen, wie alt Sie sind?«

»Fünfunddreißig«, antwortet der Mann.

»Das heißt, bis zu Ihrer Rente sind es noch mindestens dreißig Jahre, was natürlich perfekt für einen langfristigen Vermögensaufbau mit Aktien ist. Vorausgesetzt, Sie möchten das überhaupt machen, natürlich.«

»Bis jetzt klingt das alles sehr logisch und vernünftig«, sagt der Mann. »Bleibt nur die Frage, wie viel Geld ich dafür aufbringen muss. Ich meine, von welchen Summen sprechen wir denn da?«

»Oh, das bleibt ganz Ihnen überlassen«, antworte ich. »Sie können beispielsweise schon mit fünfundzwanzig Euro im Monat anfangen. Mehr ist natürlich besser. Wie viel haben Sie denn so übrig am Ende des Monats?«

»Na ja, eine Zeit lang war es recht knapp bei uns, gerade, als der Kleine zur Welt kam«, sagt der Mann. »Aber meine Frau arbeitet wieder halbtags, also haben wir etwas Luft. Ich denke, dass wir zwischen hundert und zweihundert Euro monatlich dafür verwenden könnten. Wäre das denn genug?«

»Kommt darauf an, was Sie als genug empfinden«, sage ich. »Aus hundert Euro monatlich werden nach dreißig Jahren bei durchschnittlich sieben Prozent Zinsen ... Moment, ich rechne kurz ... hundertsieb-zehntausendfünfhundert Euro. Bei zweihundert sind es ... zweihundertfünfunddreißigtausend Euro. Das bedeutet, Sie verdreifachen Ihr eingesetztes Geld.«

»Das hört sich allerdings nicht schlecht an. Aber hundertsiebzehntausendfünfhundert Euro reichen doch nicht für einen sorglosen Lebensabend für meine Frau und mich. Wir haben schon vor, älter als siebzig zu werden, wenn nichts dazwischenkommt.«

»Da haben Sie natürlich recht«, sage ich. »Hun-dertsiebzehntausendfünfhundert reichen bei einer heutigen durchschnittlichen Lebenserwartung von einundachtzig Jahren sicher nicht. Aber das ist ja nicht alles, was Sie zur Verfügung haben werden, da kommt ja noch Ihre Rente dazu. Sind Sie angestellt oder selbstständig?«

»Angestellt.«

»Dann kriegen Sie beide ja eine ganz normale Rente. Wenn Sie selbstständig wären, würden ein- bis zweihundert Euro sicher nicht reichen, da müsste es mehr sein. Aber Sie müssen ja auch nicht bei einem Betrag bleiben. Fangen Sie mit hundert oder zweihundert an, und sobald mehr drin ist, erhöhen Sie die Rate entsprechend. Es gibt ja immer Situationen im Laufe eines Lebens, zu denen Geld frei wird. Eine Erbschaft, zum Beispiel. Oder ein Umzug in eine billigere Wohnung. Sie können und sollten den Betrag immer dann erhöhen, wenn es möglich wird. Andersherum können Sie auch jederzeit aussetzen oder reduzieren, falls es mal unerwartet eng wird. Das ist bei einem Aktiensparplan gar kein Problem, sollte aber vermieden werden.«

»Ah, das ist natürlich nützlich zu wissen. Das klingt alles in allem doch sehr gut und machbar. Aber wie entscheide ich denn, von welchem ...«

Die Schiebetür öffnet sich ein Stück weit, ein Arm erscheint in der Lücke, in der Hand befindet sich ein Kaffeebecher.

»Hier«, sagt die Frau. »Nicht, dass du ihn dir verdient hättest. Das nächste Mal gehst du mit ihm Schokolade holen und entschuldigst dich bei all den Leuten, denen er aus Spaß ans Schienbein getreten hat.«

»Er hat Leute getreten? Das ist neu«, sagt der Mann. »Vielleicht wird er ja Fußballer. Ich wollte ihn sowieso demnächst bei der Eintracht anmelden.«

»EINTRACHT! EINTRACHT! EINTRACHT!«, fängt der Kleine draußen auf dem Gang an zu brüllen.

»Das war sein erstes richtiges Wort nach Mama und Papa«, wendet sich der Vater stolz grinsend an mich.

»Ja, super«, frotzelt seine Frau. »Schön, dass wenigstens *du* Spaß hast.«

»Hab ich nicht!«, erwidert ihr Mann. »Ich lasse mir gerade etwas über unsere Altersversorgung erklären. Das ist Herr …?«

Er sieht mich fragend an.

»Ach so, sorry, stimmt, ich hab mich noch gar nicht vorgestellt«, sage ich und stehe auf. »Wolk. Philipp Wolk.«

Ich reiche der Frau die Hand, sie schüttelt sie kurz.

»Angenehm«, sagt sie, sieht dabei aber nicht so aus, als sei es tatsächlich so.

»Herr Wolk hat ein paar sehr gute Tipps, damit wir uns im Alter keine finanziellen Sorgen machen müssen wie deine Mutter«, erklärt der Mann.

»Das ist toll«, sagt seine Frau mit säuerlicher Miene. »Das heißt, du gehst jetzt wahrscheinlich nicht mit deinem Sohn auf die Toilette?«

»TOILETTE!«, brüllt der Kleine. »PIPI! UND KACKA!«

»Äh, das ist gerade wirklich ungünstig, Liebling«, druckst der Mann herum. »Ich habe da noch ein paar Fragen an den Herrn. Das ist echt wichtig. Geht ja um unsere Zukunft. Und wenn man schon mal einen Experten da hat, der so nett ist und einen kostenlos berät ... Diese Chance sollten wir nutzen. Wärst du so lieb?«

»Ja, ja, schon gut, ich mach das«, sagt sie seufzend. »Gibst du mir bitte die Hygienetasche?«

Er reicht ihr eine Tasche aus der Ablage und drückt ihr einen Kuss auf die Wange.

»Danke, Schatz«, flötet er ihr zu.

»Ja, du mich auch«, flötet sie zurück und zeigt ihm dabei den Mittelfinger.

Sie schiebt die Abteiltür krachend zu und verschwindet nach links.

»Da ist aber jemand gerade nicht glücklich«, stelle ich fest. »Sind Sie wirklich sicher, dass Sie *zusammen* alt werden wollen?«

»Ach, das geht vorbei«, sagt der Mann. »Spätestens auf der Rückfahrt. Sie ist immer sehr angespannt, wenn wir ihre Mutter besuchen.«

»Dann ist's ja gut«, sage ich. »In einer Ehe oder Partnerschaft zu sein ist übrigens ein weiterer guter Grund, um *nicht* ständig nach dem Stand der gekauften Aktien zu gucken. Das vermeidet Ärger, falls die Aktien zwischendurch mal sinken und der Partner einem vorwirft, nur Schrott gekauft und die gemeinsame Zukunft ruiniert zu haben.«

»Das ist allerdings ein sehr gutes Argument, Herr Wolke. Grund zum Meckern hat meine Frau schon genug.«

»Wolk«, verbessere ich ihn. »Aber da ich der Ältere und außerdem der Meinung bin, dass Eintracht-Fans sich nicht siezen sollten, biete ich einfach mal das Du an.«

»Sehr gern«, sagt er und reicht mir seine Hand. »Theo.«

»Phil«, sage ich.

»Also, Phil, ich hätte da noch eine Frage: Wie entscheide ich denn nun, von welchem Unternehmen ich Aktien kaufe? Nehme ich einfach eine Firma, die besonders erfolgreich ist? Nach welchen Kriterien suche ich das aus?«

»*Du* suchst das überhaupt nicht aus.«

»Weil ich zu wenig Ahnung habe?«

»Nein, das hat mit Ahnung nichts zu tun«, sage ich. »Im Grunde genommen könnte dein Hans-Wilhelm für dich die Aktien aussuchen, indem er mit verbundenen Augen auf dem Börsenteil einer Zeitung herumkritzelt. Um mit Aktien Erfolg zu haben, muss man kein Profi sein, und es hat auch nichts mit Dummheit oder Intelligenz zu tun.«

»Erklär das mal meinem Sohn«, sagt Theo. »Der würde wahrscheinlich eher sein Gesicht vollkritzeln als die Zeitung.«

»Dann musst du eben Hans-Wilhelm-Aktien kaufen«, sage ich lachend. »Wobei das tatsächlich kein Witz war mit der Zeitung. In Chicago ließ eine renommierte Zeitung über Jahre hinweg immer Anfang

Januar ein Portfolio aus fünf Aktien zusammenstellen, und zwar von einem Affen. Die haben ihn einfach mit einem Bleistift vor ein aufgeschlagenes *Wall Street Journal* gesetzt, und die ersten fünf Aktien, die er angekreuzt oder umkringelt hat, wurden gekauft. Und siehe da, in den meisten Jahren hat dieser Affe den Aktienindex geschlagen und lag damit weit über dem Durchschnitt aller hochbezahlten Fondsmanager. Er hieß übrigens Adam Monk und ging 2010 im Alter von vierzig Jahren in die wohlverdiente Rente.«

»Sensationell!«, sagt Theo. »Dann besteht ja doch noch Hoffnung für meinen Sohn. Wenn er es als Fußballer nicht schafft, kann er immer noch Fondsmanager werden.«

»Auf jeden Fall«, sage ich lachend. »Es gibt noch mehr solcher Beispiele. In Südkorea gab es vor kurzem einen Papagei, der die Aktien mit dem Schnabel ausgesucht und bei einem Börsenspiel gegen zehn professionelle Portfoliomanager den dritten Platz belegt hat. Und was lernen wir daraus? Ob du dein Geld nun einem Papagei oder einem Harvard-Absolventen zum Verwalten überlässt, ist im Prinzip egal. Der Papagei ist allerdings wesentlich billiger.«

»Offenbar, ja«, sagt Theo lachend. »Aber im Grunde genommen heißt das, ich suche mir die Aktien nicht selbst aus, sondern lasse das einen Profi machen? Verstehe ich das richtig?«

»Nicht zwingend«, sage ich. »Zuerst mal ergibt es

im Fall einer langfristigen Anlage nicht viel Sinn, einzelne Aktien von Unternehmen zu kaufen. Ein amerikanischer Finanzwissenschaftler hat die Entwicklung von rund sechsundzwanzigtausend Aktien seit 1926 untersucht und dabei herausgefunden, dass nur sechsundachtzig Aktien für den halben Gewinn verantwortlich waren. Und die Wahrscheinlichkeit, ausgerechnet eine dieser Aktien vorab gezielt auszuwählen, liegt nicht nur für Affen, sondern auch für gestandene Profis bei 0,33 Prozent.«

»Also keine einzelnen Aktien, verstanden. Aber was sonst?«, will Theo wissen.

»Fonds«, sage ich. »Du solltest dein Geld in Fonds anlegen. Du weißt, was ein Fonds ist?«

»Na ja, so ungefähr, glaub schon«, antwortet Theo. »Aber bevor ich mich hier bis auf die Knochen blamiere, erklär es mir lieber kurz.«

»Ein Fonds ist quasi ein großer Topf, in dem das Geld von vielen Anlegern gesammelt wird. Von diesem Geld werden Aktien gekauft.«

»Also im Grunde genommen so was wie eine Lotto-Tippgemeinschaft?«

»Genau, nur mit wesentlich besseren Gewinnchancen. Welche Papiere da gekauft werden, hängt vom Fonds ab. Es gibt reine Aktienfonds, es gibt Rentenfonds mit festverzinslichen Wertpapieren, es gibt Fonds, die beides mischen, bis hin zu Fonds mit wirklich exotischen Anlagen. Da kannst du dann in einzelne Branchen oder Themen investieren. Von Waldkäufen bis zur Cannabisindustrie, das gibt's alles. Es gibt sogar Fonds, die auf fallende Aktien spezialisiert sind. Oder irgendwelche ethischen Ansprüche. Allein in Deutschland gibt es mittlerweile über achttausend Fonds. Angefangen hat es 1950 mit dem ersten Fonds auf deutsche Aktien.«

»Wahnsinn«, sagt Theo. »Das macht es aber auch nicht unbedingt einfacher, oder? Ich meine, in welchen Fonds investiere ich denn dann? Kommt da der Wertpapierberater ins Spiel?«

»Und wieder: nicht zwingend«, sage ich. »Es gibt nämlich aktive und passive Fonds. Bei aktiv verwalteten Fonds entscheidet ein Fondsmanager, also tatsächlich ein Mensch, kein Affe oder Papagei, über den Kauf und Verkauf der einzelnen Wertpapiere. Er versucht, die Zusammensetzung der Aktien im Topf immer wieder zu optimieren, mit dem Ziel, ein besseres Ergebnis für die Anleger zu erzielen.«

»Verstehe«, sagt Theo. »Und bei einem passiven Fonds sitzt er nur da und dreht Däumchen und wartet ab, was passiert?«

»Nein«, sage ich lachend. »Bei passiven Fonds übernimmt diese Arbeit ein Computer. Dort richtet sich die Verteilung des Geldes nach verschiedenen Börsenindizes aus.«

»Nach Börsenindiwiebitte?«

»Börsenindizes. Das sind kontinuierlich berechnete

Kennzahlen für die Entwicklung ausgewählter Aktienkurse. Der DAX, zum Beispiel, das hast du sicher schon mal gehört, das ist der deutsche Aktienindex, der fasst die dreißig größten deutschen Aktiengesellschaften zusammen.«

»Klar, den DAX kenne ich, das ist der Börsenindex«, sagt Theo. »Aber was sind denn Börsenindizes, oder wie auch immer das heißt?«

»Genau so heißt das«, sage ich schmunzelnd. »Und Indizes ist lediglich die Mehrzahl von Index.«

»Was, echt?«, wundert sich Theo. »Da wäre ich nie drauf gekommen. Nicht Indexe?«

»Keine Ahnung«, sage ich. »Zumindest nicht in Börsenkreisen, da heißt das Indizes.«

»Okay, wieder was gelernt.«

»Das kann ja nie schaden«, sage ich. »Und ebendiese Indizes werden meistens in einem ETF-Fonds eins zu eins nachgebildet. ETF steht für *exchange traded funds*. Das ist die kostengünstigste Verpackung, in die ein Index hineingekauft wird.

Damit partizipiert man auch eins zu eins an den Gewinnen und Verlusten des jeweiligen Index. Das ist eine ganz einfache Rechenaufgabe, die problem- und vor allem aufwandslos von Computern durchgeführt werden kann. Der große Unterschied zwischen aktiven und passiven Fonds liegt darin, dass die Kosten bei den ETF-Fonds um einiges geringer sind, oftmals um einen ganzen Prozentpunkt. Das klingt vielleicht erst mal nicht viel, da kommt aber bei einer geplanten Anlagezeit von dreißig Jahren schon eine ganze Menge zusammen. Und bei den aktiven Fonds kommt hinzu, dass sie nicht nur teurer sind, sondern auch sehr oft ihr Ziel nicht erreichen. Siebzig bis achtzig Prozent bleiben unter dem Wert des Indexes, der ihnen als Messlatte zugrunde liegt. Von daher kannst du auch gleich den Index als ETF kaufen und schneidest als Laien-Doofi-Investor trotzdem besser ab als die meisten Profis.«

»Dann ist die Sache ja klar, ich nehme so einen ETF-Fonds«, sagt Theo. »Den DAX? Macht das Sinn? Ich meine, weil wir ja schließlich in Deutschland leben und die deutsche Wirtschaft ziemlich stabil ist.«

»Davon würde ich abraten«, sage ich. »Nur auf ein Land zu setzen birgt immer ein Risiko. Der DAX hat nur dreißig Werte, ist sehr automobil- und bankenlastig und wie jeder Markt nicht vor Krisen gefeit. Ich empfehle eine breitere Streuung, mehr Werte, mehr Länder, da fällt es nicht so ins Gewicht, wenn es in einem Land mal bergab geht. Von daher halte ich einen ETF auf den MSCI-WORLD-Index am geeignetsten, das ist der Weltaktienindex.«

»Aha. Und da sind dann Aktien aus der ganzen Welt drin, nehme ich an?«

»Genau. Der MSCI enthält ungefähr tausendsechshundert Aktien aus dreiundzwanzig Industrieländern, in die man quasi auf einen Schlag investiert. Da sind alle großen und bekannten Unternehmen drin, von A wie Apple bis Z wie Zurich Versicherung. Und natürlich auch die größten deutschen Firmen. Der Index wird vierteljährlich überprüft und gegebenenfalls angepasst. Geht der Kurs eines Unternehmens runter, und es wird kleiner, kann es rausfliegen, und ein anderes steigt auf. So ist immer sichergestellt, dass auch wirklich die erfolgreichsten Unternehmen drin sind. Anteile gibt's ab fünfundzwanzig Euro, ich hab schon seit Jahren selbst welche, davon finanziere ich aktuell mein Sabbatical.«

»Ah, deswegen hast du also Zeit, fröhlich mit dem Zug durch die Gegend zu fahren und nebenbei kostenlos Tipps zu verteilen«, sagt Theo.

»So sieht's aus«, sage ich grinsend.

»Freut mich für dich. Und für mich in diesem Fall natürlich auch. Ich denke, ich werde das machen mit diesem Weltaktienfonds. Aber wie komme ich denn da ran? Ich meine, da kann ich ja wohl kaum Anteile nebenan im Supermarkt kaufen. Brauche ich dafür dann doch einen Aktienhändler?«

»Nein, brauchst du nicht. Der würde ja nur Geld kosten. Du kannst das ganz einfach selbst einrichten, dafür musst du nur bei einer Bank ein Depot eröffnen, das geht heutzutage sogar problemlos online.«

»Mach ich das bei *meiner* Bank?«, fragt Theo. »Da bin ich schon online.«

»Kommt drauf an, bei welcher Bank du bist«, sage

ich. »Am günstigsten sind Direktbanken, da gibt es meistens keine jährliche Depotgebühr und nur geringe Ordergebühren.«

»Das kostet also auf jeden Fall was?«

»Ja, an den Gebühren kommst du nicht vorbei. Deshalb sollte man auch vergleichen, ist ja auf dreißig Jahre gesehen nicht unwesentlich.«

»Okay. Ich suche mir eine kostengünstige Bank und eröffne ein Depot. Wie funktioniert das? Ich meine, rein technisch. Was muss ich da machen?«

»Das erklärt sich eigentlich von selbst, während der Einrichtung. Ein Depot ist mit ein paar Klicks eröffnet, da gibt es dann ein Identifikationsverfahren, und nach ein paar Tagen kannst du es schon nutzen. Und da du ja bereits weißt, was du willst, suchst du gezielt nach einem Sparplan auf ein ETF für den MSCI-World-Index. Die sind oft sogar als Sonderangebot bei Banken zu finden, mit günstigen bis kostenlosen Transaktionskosten. Der Name setzt sich meistens aus dem Anbieternamen und MSCI WORLD zusammen, das findest du leicht. Dann richtest du nur noch einen Sparplan ein und musst entscheiden, zu welchem Tag im Monat du kaufen willst, da wird meistens der Erste oder der Fünfzehnte angeboten. Das Geld wird von deinem Girokonto abgebucht, das läuft dann automatisch jeden Monat, du musst dich um nichts mehr kümmern und kannst gemütlich die Rente abwarten.«

»Um nichts mehr kümmern klingt perfekt«, sagt Theo. »Das kann ich am besten, ist eine meiner leichtesten ...«

Die Schiebtür öffnet sich.

»So, Schnauze voll!«

Theos Frau schiebt den Kleinen vor sich her ins Abteil. Er ist klatschnass und teilweise in Klopapier eingewickelt.

»Was ... Was ist denn jetzt passiert?«, will Theo wissen, kann sich aber ein Kichern dabei nicht verkneifen.

»Ja, klar, *du* findest das wieder lustig!«, motzt seine Frau ihn an. »Ist es aber nicht! Dein Sohn hat die komplette Zugtoilette unter Wasser gesetzt! Die Leute sind stinksauer!«

»Auweia«, sagt Theo. »Wie hat er denn das geschafft?«

»Ach, frag nicht«, antwortet seine Frau. »Ich hab ihn nur eine Minute da drin allein gelassen, weil er mir unbedingt beweisen wollte, dass er das schon allein kann. Als ich wieder rein bin, sah er so aus. Ich weiß nicht, wie er so was immer wieder hinkriegt.«

»In dieser Beziehung ist er ein Naturtalent«, sagt Theo. »Nicht wahr, du kleiner Chaot?«

Er wuschelt kurz durch die Haare seines Sohns.

»PIPI GEMACHT!«, brüllt der Kleine. »GANZ ALLEIN!«

»Mir reicht's«, stöhnt die Mutter. »Ich gehe jetzt

noch einen Kaffee trinken. Bis ich wieder da bin, kümmerst du dich um ihn. Und das kann länger dauern.«

Sie verlässt ohne ein weiteres Wort das Abteil und zieht die Tür knallend hinter sich zu.

Theo guckt mich an und zuckt mit den Schultern.

»So viel zum Thema ›Sich um nichts kümmern müssen‹«, sage ich grinsend.

»POKÉMON!«, brüllt der Kleine und stellt sich vor mich. »HAST DU POKÉMON?«

»Nein, tut mir leid«, sage ich. »Ich weiß nicht mal, was genau ein Pokémon ist.«

»POKÉMON KÄMPFT!«, schreit er. »GEGEN ANDERE POKÉMON! GUCK! SO!«

Er holt ohne Vorwarnung kurz aus, und seine kleine Faust landet direkt zwischen meinen Beinen.

Verdammt, tut das weh. Ich muss mich beherrschen, nicht laut loszuschreien. Das letzte Mal, dass meine Weichteile etwas abgekriegt haben, war vor ewigen Zeiten beim Fußball. Ich hatte diese Art von Schmerz bereits verdrängt, jetzt kommt die Erinnerung daran allzu deutlich wieder hoch. Dafür streiche ich das Wort *eventuell* in Zusammenhang mit *Kinderwunsch* aus meinem Gedächtnis – diesbezüglich kann ich mir ab heute jeden Gedanken sparen.

Langfristig anlegen – das Wichtigste auf einen Blick

- Monatliche Sparrate in ETF (MSCI WORLD) investieren
- Mindestens fünfzehn Jahre einzahlen, besser komplettes Berufsleben
- Kosten für Depot/Transaktionen/Fonds vergleichen
- Ruhig und beständig bleiben, nicht nach aktuellem Wert gucken

EINMAL kurz geflirtet,
gleich GROSS ANGELEGT

Der Wind peitscht mir kalt um die Ohren. Meine Jeans ist schon ganz klamm von der feuchten, salzigen Luft. Ich habe Unmengen von Sand in den Schuhen, der an der löchrigen Ferse meiner linken Socke die Haut aufkratzt. Eben konnte ich gerade noch rechtzeitig einer riesigen Möwe ausweichen, die sonst frontal in mein Gesicht gedonnert wäre. Gott, wie ich das liebe!

Im Ernst jetzt. Sylt und die Nordsee nach der Hauptsaison. Für mich gibt es nichts Besseres. Was nicht heißen soll, dass ich ein Schlechtwetterfanatiker bin, gar nicht. Ich sitze genauso gern an einem lauen Sommerabend in einem Grillrestaurant in Santiago de Chile. Dort habe ich im Jahr 2000 ein fünfmonatiges Praktikum absolviert und mich in Land und Leute verliebt. Seitdem war ich unzählige Male in Südamerika unterwegs. Chile, Brasilien, Argentinien, ich war schon fast überall in diesem Teil der Welt, meinem allerliebsten Urlaubsziel. Aber Sylt gehört eben auch dazu, vor allem um diese Jahreszeit. Ich mag diese Atmosphäre einfach, die im Vergleich zum vor sich hin dümpelnden Mittelmeer wilde, raue Nordsee, die nach Salz schmeckende kalte Luft, die Weite des zu dieser Zeit angenehm unbesiedelten Strandes, das brauche ich einfach möglichst einmal pro Jahr, es erfrischt meine Lebensgeister.

Und Sylt hat einen nicht außer Acht zu lassenden Vorteil: Eine Fahrt dorthin ist wesentlich preiswerter als ein Flug nach Südamerika. Das gilt vor allem, wenn man sich wie ich gerade in einem längeren Sabbatical befindet und sein Geld zusammenhalten muss. Zum Glück für mich und meinen Geldbeutel ist Sylt entgegen allen gängigen Klischees von der Schickimicki-Luxusinsel auch nicht teurer als andere Urlaubsziele in Deutschland. Natürlich, man kann hier gut und gerne sehr viel Geld ausgeben, jeden Abend teuer essen gehen, im kostspieligsten Hotel am Platz logieren und im vermeintlichen Jet-Set-Luxus schwelgen – muss man aber nicht. Es gibt hier genug preiswerte Restaurants und Unterkünfte, um sich ein paar schöne Tage zu machen, ohne arm dabei zu werden. Und das Meer und die Wellen und die tolle Luft sind sowieso umsonst.

Apropos preiswerte Unterkunft: Seit mich ein Freund darauf aufmerksam gemacht hat, benutze ich fast nur noch das Portal Airbnb für meine Urlaubsplanung. Dort findet man an so gut wie jedem Ort der Welt preiswerte und dennoch schöne Zimmer und Wohnungen, die von privat genau zu diesem Zweck vermietet werden. Das bietet natürlich jede Menge Sparpotential. Man ist Selbstversorger, zahlt für eine Toplage deutlich weniger Geld, hat viel mehr Platz und kann sogar mal jemanden bei sich übernachten lassen, ohne sich Ärger und einen Aufpreis einzuhandeln – nicht unwesentlich bei jemandem, der dem einen oder anderen Urlaubsflirt nicht abgeneigt ist.

Hoteliers finden Airbnb naturgemäß nicht ganz so gut, was aus finanzieller Sicht absolut verständlich ist. Airbnb hat mit Sicherheit schon für die eine oder andere Umsatzeinbuße gesorgt und ist dementsprechend jedem Hotelier ein Dorn im Auge. In manchen Ländern versucht man sogar bereits, gerichtlich dagegen vorzugehen, teilweise mit Erfolg. Gerade in überfüllten Großstädten ist es natürlich schädlich für den Wohnungsmarkt, wenn Leute sich nur noch Wohnraum zulegen, um ihn nicht-gewerblich an Touristen zu vermieten, das kann schon zum Problem werden – aber nicht für mich als Tourist und Endverbraucher, dafür bin ich dann doch zu sehr Sparfuchs. Wobei selbstverständlich hier wie immer gilt: Vergleichen lohnt sich. Ich nehme auch nicht blind jede Ferienunterkunft, nur weil Airbnb draufsteht. Man findet auch immer mal wieder gute Hotelangebote, die vergleichbar oder gar preiswerter sind. Und es ist ja auch nicht jedermanns Ding, als Selbstversorger in den Wohnungen anderer Leute zu logieren. Mir macht das nichts aus, und bisher waren alle meine Airbnb-Unterkünfte gepflegt und sauber, die Abwicklung lief immer reibungslos und sicher, ich kann es nur empfehlen. Auch für diese Woche auf Sylt habe ich wieder ein schnuckeliges Einzimmer-Apartment mitten in Westerland mit Blick aufs Meer gefunden, in dem ich mich sehr wohlfühle.

Ich bin heute am frühen Nachmittag angekommen und begrüße gerade zum ersten Mal das Meer. Es grüßt mich stürmisch zurück. So langsam etwas zu stürmisch, es fängt gerade an zu regnen. Damit muss man an der Nordsee immer rechnen, egal um welche Jahreszeit, das ist hier im Preis mit inbegriffen und stört mich im Gegensatz zu manch anderen nicht im Geringsten. Ich habe neulich irgendwo gelesen, dass jemand bei einer Hotelbewertung auf einem Portal im Netz tatsächlich einen Stern abgezogen hat, weil das Wetter schlecht war – darauf muss man erst mal kommen. Das ist ja so, als würde ich dem Airbnb-Gastgeber nächste Woche eine schlechte Bewertung schreiben, weil mir der Sand nicht fein genug war. Oder das Wasser zu wenig blau. Oder der Zug zwei Minuten zu spät angekommen ist.

Mir hat mal jemand auf eBay eine schlechte Bewertung verpasst, weil die von ihm für einen Euro erstandene DVD nicht neuwertig gewesen sei. Sie war noch eingeschweißt. Ein Last-minute-Geburtstagsgeschenk von einem Kumpel, schnell noch auf dem Weg zur Kneipe an der Tanke gekauft. Garantiert nicht hoch- aber ganz sicher neuwertig, ich habe die Scheibe kein einziges Mal angefasst, geschweige denn geguckt. Und dann schreibt dieser Kerl doch tatsächlich eine nega- tive Bewertung und gibt als Grund »Ware nicht neu- wertig« an. Ich habe kurz darüber nachgedacht, ob ich mich mit ihm anlegen soll, es dann aber sein lassen. Wenn es etwas gibt, das man sich immer sparen kann, dann sind das unnötige Diskussionen mit offenbar verwirrten/geisteskranken/chronisch frustrierten Voll- idioten im Internet. Bevor ich mich über so was auf- rege, ist es mir lieber egal.

Woran ich hingegen nicht hätte sparen sollen, ist ein ordentlicher Regenschirm. Der Regen wird immer stärker und klatscht mir ins Gesicht, das wird selbst mir zu viel. Ich schaue den Strand hinauf, der nächste schützende Unterstand an der Promenade ist ge- schätzte zweihundert Meter weit weg – bis ich den er- reiche, bin ich klatschnass. Mein Blick fällt auf zwei sich gegenüberstehende Strandkörbe, nur ein paar Schritte von mir entfernt. Perfekt, das sollte als Re- genschutz für den Moment ausreichen.

Ich sprinte auf die Strandkörbe zu, zwänge mich durch den schmalen Spalt zwischen ihnen und lasse mich rückwärts auf eine der Sitzflächen plumpsen.

»Hey! Geht's noch?!«

Oh. Das war dann wohl doch nicht die Sitzfläche, auf der ich gerade Platz genommen habe. Der Stimme nach zu urteilen habe ich mich auf eine Frau gesetzt.

»Oh, sorry!«, sage ich, springe schnell auf und knalle mit dem Kopf an das Strandkorbdach. »Au! Verflucht!«

Ich drehe mich um, verliere das Gleichgewicht und krache auf die Sitzfläche des zweiten Strandkorbs, der kurz ein ganzes Stück nach hinten kippt, aber zum Glück nicht umfällt.

»Hoppla!«, rufe ich. »Das war knapp!«

»Die gerechte Strafe war das«, sagt die weibliche Stimme schmunzelnd. »Man fällt nicht einfach so mit dem Hintern in anderer Leute Strandkörbe.«

Mir gegenüber sitzt eine ziemlich attraktive Frau, blonde Strähnen, die aus einer blauen Kapuze herausfallen, eine schmale dunkelgrüne Brille auf einer bezaubernden Stupsnase, verwaschene Jeans, dunkelrote Chucks, schätzungsweise in meinem Alter, eher ein bisschen jünger.

»Ich bitte vielmals um Verzeihung«, sage ich. »Ich wusste nicht, dass diese Muschel bereits von einem Einsiedlerkrebs belegt ist.«

»Jungfrau«, erwidert sie grinsend. »Ich bin eine Einsiedler-Jungfrau.«

»Ich bin untröstlich, aber um das beurteilen zu können, ist mein Hintern nicht sensitiv genug«, erwidere ich ebenso grinsend.

»Das Sternzeichen«, sagt sie. »Ich meinte das Sternzeichen.«

»Ich auch. Was dachten Sie denn, was ich meine?«

»Bei Leuten, die sich einem überfallartig in den Schoß werfen, kann man nie wissen.«

»Ich bitte nochmals um Verzeihung, das ist sonst wirklich nicht meine Art. Normalerweise warte ich damit bis nach dem Abendessen.«

»Sie laden mich zum Abendessen ein? Das ist aber auch das Mindeste, nachdem Sie mir so einen Schreck eingejagt haben.«

»Ich soll Sie zum Abendessen einladen? Aber wir kennen uns doch überhaupt nicht.«

»Sie wissen immerhin schon mal, dass ich Jungfrau bin.«

»Das Sternzeichen«, sage ich grinsend.

»Genau.«

Ich hebe meinen Hintern, beuge mich zu ihr herüber und strecke ihr meine Hand entgegen.

»Schön, Sie kennenzulernen, Frau Jungfrau«, sage ich. »Wolk. Philipp Wolk. Frauen, die zuerst mit meinem Hintern Bekanntschaft gemacht haben, dürfen mich aber gern Phil nennen.«

»Phil? Das Sternzeichen?«

»Genau das. Man sagt ja, im Sternzeichen des Phil Geborene wirken oft auf den ersten Eindruck etwas plump und aufdringlich, aber man soll ihnen stets eine zweite Chance geben, es würde sich lohnen.«

»So, sagt man das?«

»Oh ja, das ist in Astrologiekreisen allgemein bekannt und weit verbreitet.«

»Na, dann wird es ja wohl stimmen.«

»Ganz sicher. Die Sterne lügen nicht. Im Tageshoroskop für Phils stand heute, ich würde eine faszinierende Bekanntschaft machen.«

»Sie finden mich faszinierend?«

»Na ja, ich habe mich auf Sie gesetzt, und Sie haben mir nicht den Kopf abgerissen. Das zeugt zumindest mal von einer faszinierend großen Selbstbeherrschung.«

Sie lacht. Und es ist ein sehr entzückendes Lachen.

»Was verschlägt eine faszinierende Jungfrau ausgerechnet um diese Jahreszeit nach Sylt, wenn ich fragen darf?«

»Fragen dürfen Sie«, antwortet sie. »Ob ich Ihnen allerdings eine adäquate Antwort geben kann, weiß ich nicht.«

»Versuchen Sie es doch einfach mal«, schlage ich vor.

»Ach, ich weiß es selbst nicht genau«, sagt sie. »Ich musste mal den Kopf freikriegen. Die letzten anderthalb Jahre waren ziemlich hart. Es ist viel passiert, und nichts davon war gut. Ich brauchte Zeit zum Nachdenken, und das kann ich am Meer am besten, besonders bei diesem Wetter, wo mich niemand stört.«

»Es sei denn, ein tapsiger Phil stürmt Ihren Rückzugsort und setzt sich auf Sie.«

Sie lacht wieder.

»Nein, das ist schon in Ordnung«, sagt sie. »Ich drehe mich beim Nachdenken seit einer Woche sowieso nur im Kreis.«

»Vielleicht kann ich ja dabei behilflich sein?«, biete ich ihr an. »Ich bin sicher nicht der beste Nachdenker aller Zeiten, aber manchmal hilft es ja schon, wenn jemand beim Nachdenken hilft, der nicht involviert ist. Worum geht es denn?«

»Um die Zukunft. Und die Vergangenheit. Um lieb gewonnene Strukturen, die ich gerne aufbrechen würde, mich aber nicht so richtig traue.«

»Ach ja, die Zukunft. Ein gern genommenes Thema zum Nachdenken. Falls es dabei um Geld geht, könnte ich eventuell konkret behilflich sein, das ist mein Spezialgebiet.«

»Geld ist Ihr Spezialgebiet? Einnehmen oder ausgeben?«

»Ich versuche dafür zu sorgen, dass das, was man einnimmt, möglichst lange reicht, um immer etwas zum Ausgeben zu haben.«

»Sind Sie etwa so eine Art Bänker?«, fragt sie mit skeptischem Blick. »Sie wirken nicht wie ein Bänker. Ich mag keine Bänker.«

»Eine weitverbreitete Abneigung«, sage ich lachend. »Und absolut verständlich. Ich kann die Skepsis diesem Berufsstand gegenüber nachvollziehen. Wobei es durchaus sympathische Bänker gibt. Diejenigen, die im Sternzeichen des Phil geboren sind, zum Beispiel, die sind alle super und absolut vertrauenswürdig.«

»Ich lasse meine Vorurteile sehr gern widerlegen«, sagt sie lächelnd.

»Eine lobenswerte Eigenschaft. Und falls es hilft: Ich befinde mich seit einiger Zeit in einem Sabbatical und bin streng genommen aktuell gar kein Bänker.«

»Das hilft garantiert. Ich nehme auch gerade eine Art beruflicher Auszeit, allerdings nicht ganz freiwillig. Trotzdem denke ich darüber nach, ob diese Auszeit nicht vielleicht permanent werden soll.«

»Verstehe. Wie gesagt, falls es da finanzielle Aspekte zu berücksichtigen gilt, könnte ich eventuell helfen.«

»Das ist sehr liebenswürdig, aber nicht nötig, danke. Geld ist etwas, worüber ich mir keine Sorgen mehr machen muss. Ich habe, wenn auch aus leider tragischen Gründen, ausgesorgt.«

Ich sehe sie fragend an.

»Mein Mann«, sagt sie seufzend. »Er ist vor sieben Monaten gestorben. Magenkrebs. Die Diagnose kam vor ziemlich genau anderthalb Jahren. Wir haben alles versucht, ich habe mir eine längere Auszeit von meinem Job genommen, bin mit ihm von Arzt zu Arzt gerannt, im Endeffekt hat nichts geholfen. Am Ende ging es ziemlich schnell.«

Eine Witwe. Diese entzückende Frau ist eine Witwe. Damit hätte ich nun als Allerletztes gerechnet. Ich meine, Witwen sind in meiner Vorstellung über siebzig, mindestens. Aber so ist das wohl mit den Klischees, sie werden nicht immer erfüllt.

»Oh, das tut mir sehr leid für Sie«, sage ich.

Mehr kann man in so einem Fall auch nicht sagen, finde ich. Da ist jedes weitere Wort zu viel, weil es der Situation so oder so nicht gerecht werden kann.

»Danke«, sagt sie. »Es war wirklich eine sehr harte Zeit. Am Schluss war es eher eine Erlösung für ihn. Und für mich. Wir konnten uns alles sagen und uns ausführlich voneinander verabschieden. Das ist viel wert und mehr als den meisten zuteilwird, wenn es so weit ist.«

»Das stimmt wohl.«

»Und unabhängig von seiner Krankheit hat er auch noch dafür gesorgt, dass ich finanziell abgesichert bin. Zumindest darüber muss ich also nicht nachdenken.«

»Eine Lebensversicherung?«, frage ich.

Sie nickt.

»Die hatte er schon lang vor seiner Krankheit abgeschlossen«, sagt sie. »Sie wurde vor ein paar Wochen auch anstandslos ausgezahlt.«

»Gut, wenn es bei solchen Formalitäten dann keine Schwierigkeiten gibt. Halten Sie mich bitte nicht für pietätlos, es ist die reine fachliche Neugier, die mich das fragen lässt. Sie sagten eben, Sie hätten ausgesorgt. Mich würde interessieren, wie viel Geld Sie dafür als ausreichend erachten? Das interessiert mich nicht nur gerade in Ihrem persönlichen Fall, sondern grundsätzlich. Sie müssen es mir natürlich nicht sagen, wenn Sie nicht wollen.«

»Das kommt darauf an«, sagt sie grinsend. »Ist Ihr Interesse tatsächlich rein fachlich, oder sind Sie nur hier auf Sylt, um sich eine reiche Witwe zu angeln?«

»Nein«, sage ich lachend. »Ganz sicher nicht, da müssen Sie keine Angst haben. Wobei ich sagen muss, dass ich, wenn ich auf der Suche nach einer reichen Witwe wäre, mit Ihnen ganz sicher den Jackpot geknackt hätte.«

»Ich bin mir nicht ganz sicher, aber könnte es sein, dass das ein Kompliment sein sollte?«

»Absolut!«, bestätige ich. »Jeder professionelle Witwentröster und Heiratsschwindler dürfte sich glücklich schätzen, Sie als Opfer zu kriegen!«

Sie lacht wieder.

»Das ist sicher das ungewöhnlichste Kompliment, das ich je gekriegt habe. Vielen Dank.«

»Sehr gern, dafür sind wir Phils schließlich bekannt«, sage ich grinsend. »Also, wie viel Geld ist Ihrer Meinung nach genug, um ausgesorgt zu haben? Und was genau meinen Sie mit ›ausgesorgt‹?«

»Na ja, so viel, dass ich mir keine Sorgen mehr ums Geld machen muss«, antwortet sie.

»Für den Rest Ihres hoffentlich langen Lebens?«

»Genau. Dafür sollten dreihunderttausend Euro doch ausreichen, oder?«

»Das kommt ganz darauf an. Wenn Sie jetzt, wie ich schätze, Mitte dreißig sind, bräuchten Sie schon eine Million, um tatsächlich ausgesorgt zu haben. Mit dreihunderttausend kommen Sie da nicht sehr weit. Wobei das natürlich davon abhängt, was Sie mit dem Geld vorhaben.«

»Mitte dreißig? Übertreiben Sie es nicht mit den Komplimenten.«

»Um ehrlich zu sein, schätze ich Sie auf Ende dreißig, aber ich wollte nicht Gefahr laufen, unhöflich zu sein. Für Ende dreißig gilt meine Aussage aber genauso. Das wird nicht reichen.«

»Bemerkenswert. Sie schaffen es, selbst dann ein Kompliment zu machen, wenn Sie glauben, unhöflich zu sein. Vielleicht sollten Sie sich doch überlegen, Witwentröster zu werden, das haben Sie drauf.«

Ich sehe sie fragend an.

»Fünfundvierzig«, sagt sie. »Ich bin fünfundvierzig.«

Oh, echt? Das hätte ich tatsächlich nicht gedacht.

»Sie sehen absolut nicht aus wie fünfundvierzig«, sage ich.

»Danke. Und Sie sehen nicht aus wie der typische Bänker.«

»Ebenfalls danke. Ich möchte auch glauben, dass ich das nicht bin. Also, typisch.«

»Das sind Sie ganz sicher nicht, sonst würde ich nicht mehr hier sitzen. Aber wenn Sie schon Bänker sind und sich offenbar mit Geld auskennen: Was soll ich denn Ihrer fachlichen Meinung nach mit den dreihunderttausend machen, damit sie so lang wie möglich reichen? Haben Sie da vielleicht einen professionellen Tipp für eine fünfundvierzigjährige Jungfrau?«

»Sehr gern, und nicht nur einen«, sage ich. »Aber nur, wenn Sie aufhören, mich als Bänker zu bezeichnen. Ich sehe mich aktuell eher als Finanzexperten.«

»Gut, Herr Finanzexperte«, sagt sie. »Dann experten Sie mal los, ich bin gespannt.«

»Kann gleich losgehen. Dafür müssten Sie mir zuerst eine Frage beantworten: Haben Sie vor weiterzuarbeiten? Sie sagten ja, Sie hätten sich eine Auszeit von Ihrem Job genommen. Sind Sie inzwischen wieder eingestiegen?«

»Ja, das ging zum Glück relativ problemlos«, antwortet sie. »Aber ich bin mir nicht sicher, ob ich es so weiterlaufen lassen möchte. Ich bin Physiotherapeutin, habe fünfundzwanzig Jahre in dem Job gearbeitet und mich ständig weitergebildet. Das macht mir auch Spaß, aber irgendwie hätte ich gerade Lust, noch mal was Neues auszuprobieren. Ich habe das Gefühl, dass ein kompletter Neustart mir guttun würde.«

»Verstehe. Aber Sie wollen auf jeden Fall weiterarbeiten?«

»Ja, unbedingt. Ich brauche eine Aufgabe, eine konstante Beschäftigung. Nichtstun macht mich auf Dauer depressiv.«

»Ja, das geht mir ähnlich, ich muss mich auch immer mit etwas beschäftigen, vorzugsweise mit Finanzproblemen. Das bedeutet aber, dass Sie auf jeden Fall ein Einkommen haben werden und somit vorerst nicht auf die dreihunderttausend Euro angewiesen sind?«

»Na ja, kommt darauf an, zu welcher Entscheidung mich mein Nachdenken letztendlich bringt. Ich spiele mit dem Gedanken, mir einen Food Truck zuzulegen und ihn selbst zu betreiben.«

»Ein Food Truck? Klingt interessant. Da gibt es ja gerade einen regelrechten Boom.«

»Genau. Und da ich gerne koche und die Atmosphäre auf Food-Truck-Festivals liebe, dachte ich, das wäre eventuell etwas für mich.«

»Ja, das ist sicher einen Versuch wert. Wobei ich denke, dass man da mittlerweile ein Alleinstellungsmerkmal braucht. Den hundertsten Burger-Food-Truck aufzumachen ist wahrscheinlich nicht die cleverste Idee.«

»Darüber habe ich mir auch schon Gedanken gemacht. Haben Sie schon mal Galettes gegessen?«

Ich muss kurz nachdenken. Galettes? Nein, das sagt mir überhaupt nichts.

»Nicht, dass ich wüsste«, antworte ich.

»Das ist eine bretonische Version von Crêpes. Die sind aus Buchweizenmehl, der Teig ist dunkler, fast grau, und im Gegensatz zu Crêpes sind sie nicht süß, sondern herzhaft. Man isst sie mit Schinken oder Ei oder Pilzen, es gibt unzählige Variationen.«

»Das klingt lecker und sehr passend für einen Food Truck. Das isst man aus der Hand, kein Besteck, kein Geschirr, schnelle Zubereitung, klingt perfekt. Und es wäre sicher ein Alleinstellungsmerkmal, einen Galettes-Food-Truck habe ich noch nie gesehen.«

»Danke für die Bestätigung, das war nämlich auch meine Überlegung.«

»Die Nachdenktendenz geht also in die Richtung, einen Food Truck zu kaufen?«

»Ich weiß es nicht«, seufzt sie. »Eigentlich will ich ja, aber ich traue mich noch nicht so richtig.«

»Wie war das noch mit den verpassten Chancen? Am meisten bereut man nicht die Sachen, die man gemacht hat, sondern die, die man nicht gemacht hat. Oder so ähnlich. Sie wissen, was ich meine?«

»Ja. Sie würden mir also raten, es mit dem Food Truck zu probieren?«

»Ich wüsste zumindest nicht, was dagegen spräche«, sage ich. »Es ist eine gute Geschäftsidee und sicher einen Versuch wert. Und selbst, wenn es schiefgeht, könnten Sie jederzeit zurück in Ihren alten Beruf. Als Physiotherapeutin finden Sie sicherlich immer einen Job.«

»Ja, das denke ich eben auch. Wenn ich das jetzt nicht versuche, mache ich es nie. Vor allem habe ich ja auch das Startkapital dafür.«

»Eben. Aber Sie haben hoffentlich nicht vor, die gesamten dreihunderttausend Euro für einen Food Truck auszugeben?«

»Nicht?«, sagt sie grinsend. »Ich hatte da an einen vergoldeten Rolls-Royce-Food-Truck mit Whirlpool, Dachterrasse und eingebauter Bowlingbahn gedacht.«

»Das ist die richtige Einstellung!«, sage ich lachend. »*Think big!*«

»Nein, im Ernst. Ich habe mich schon mal ein bisschen schlau gemacht. Für meine Zwecke, mit der Ausstattung, die ich brauche, kriege ich einen ordentlichen Food Truck für dreißig- bis vierzigtausend.«

»Ja, das klingt realistisch. Dann würde ich nochmal zehn- bis zwanzigtausend für Genehmigungen, Wareneinsatz, Inventar, Werbung und so weiter veranschlagen. Mit fünfzigtausend sollten Sie auf der sicheren Seite sein, da ist dann sogar noch ein kleines Polster für die Anfangszeit mit drin.«

»Ja, so ungefähr hatte ich mir das auch ausgerechnet.«

»Und was wollten Sie dann mit den restlichen zweihundertfünfzigtausend Euro machen?«

»Darüber hatte ich noch gar nicht nachgedacht. Einfach auf ein Sparbuch legen? Das ist am sichersten, oder?«

»Das schon«, sage ich. »Aber dann würden Sie in Anbetracht der angelegten Summe bei einem Zeitraum bis zur Rente auf ein paar hunderttausend Euro verzichten.«

»Was, so viel?«

Ich nicke. Sie kratzt sich mit einem skeptischen Blick am Hinterkopf.

»Was müsste ich denn dafür mit dem Geld machen?«, möchte sie wissen. »Doch hoffentlich keine Aktien kaufen? Von so etwas habe ich keine Ahnung und auch keine Lust, mich darum zu kümmern. Außerdem ist da das Risiko doch ziemlich groß oder? Wenn ich etwas nicht bin, dann ist das risikofreudig.«

»Sagte die Frau, die einen Food Truck kaufen und ihr Leben komplett umkrempeln will«, bemerke ich augenzwinkernd.

»Das ist doch etwas völlig anderes«, erwidert sie. »Das habe ich selbst in der Hand, und das Risiko hält sich in überschaubaren Grenzen. Auf Aktien habe ich keinen Einfluss. Da guckt man mal kurz nicht hin, und schon ist das ganze Geld futsch.«

»Nicht, wenn man es richtig macht«, sage ich. »Und der Aufwand und die benötigte Ahnung halten sich in Grenzen. Soll ich es Ihnen kurz erklären? Dauert fünf Minuten, allerhöchstens zehn. Danach können Sie immer noch entscheiden, ob Sie meinem Rat folgen oder nicht.«

»Ich weiß nicht«, sagt sie zögerlich. »Ich glaube, das ist einfach nichts für mich. Außerdem langweilt mich so was immer kolossal.«

»Zehn Minuten«, sage ich. »Sie werden es nicht bereuen. Trauen Sie mir, ich bin ein Phil!«

Da ist es wieder, dieses entzückende Lächeln.

»Na gut«, sagt sie schließlich. »Sie haben die Erlaubnis, mich zu langweilen. Zehn Minuten. Die Uhr tickt.«

»Also, die Kernaussage: Sie haben zweihundertfünfzigtausend Euro. Wenn Sie die richtig anlegen, kann bis zu Ihrer Rente ein schönes Milliönchen daraus werden.«

Ihre Pupillen weiten sich kurz, sie sagt aber nichts.

»Dafür müssen Sie das Geld nur für die nächsten zwanzig Jahre in einen ETF-Fonds auf dem Weltaktienindex anlegen. Was das genau ist, kann ich Ihnen gerne noch erklären, da kaufen Sie quasi mit einem Papier die ganze Welt, kostengünstig in der Verwaltung und zudem noch ziemlich sicher.«

»Aktien? Sicher? Und warum verlieren dann Leute immer gleich ganze Vermögen, wenn die Börse mal wieder zusammenbricht?«

»Natürlich kann man bei einem Börsencrash auf einen Schlag viel Geld verlieren, wenn man ständig spekuliert und schnell nervös wird. Das Erfolgsgeheimnis liegt schlicht darin, auf Zeit zu setzen und sich nicht verrückt zu machen, wenn die Kurse fallen. Irgendwann steigen sie nämlich wieder. Auf Gewitter folgt auch an der Börse stets Sonnenschein.«

»Ich bin dann aber doch eher der Typ, der schnell nervös wird«, sagt sie. »Wenn ich so was machen würde, würde ich wahrscheinlich ständig nachschauen, wie es um mein Geld steht.«

»Kein Problem, dafür gibt es einen kleinen psychologischen Trick, mit dem man sich quasi selbst reinlegt. Sie kaufen nicht auf einen Schlag Aktien für zweihunderfünfzigtausend, sondern über fünf Monate verteilt jeweils zu fünfzigtausend. Oder auch über zehn Monate verteilt für jeweils fünfundzwanzigtausend. Auf diese Art gleiten Sie ganz geschmeidig und entspannt in den Aktienmarkt. Das kann man sogar automatisieren, dann haben Sie nach drei Monaten bereits vergessen, dass Sie Aktien kaufen. Und da Sie auf diese Art zu unterschiedlichen Kursen kaufen, kennen Sie den genauen Einstiegspreis nicht und werden auch nicht nervös, falls Sie mal nach dem aktuellen Wert gucken. Aber am besten macht man das überhaupt nicht. So schlummern die Fondsanteile leise fröhlich vor sich hin, und nach zwanzig Jahren ist völlig unbemerkt ein Milliönchen daraus geworden. Und Sie werden vor lauter Entspanntheit immer noch nicht aussehen wie fünfundvierzig.«

»Das wäre natürlich beruhigend zu wissen«, sagt sie und errötet ganz leicht. »Zwei große Sorgen weniger.«

»Eben. Und falls das mit dem Food Truck gut läuft, können Sie auch zusätzlich noch monatlich etwas in den ETF-Fonds investieren.«

»Das hört sich tatsächlich nicht schlecht an«, sagt sie. »Trotzdem habe ich bei Aktien irgendwie ein komisches Gefühl. Das Problem ist, glaube ich, dass ich da nichts in der Hand habe. Aktien sind für mich nichts Greifbares, das ist mir irgendwie alles zu abstrakt. Gäbe es denn noch eine Alternative dazu?«

»Die gibt es«, antworte ich. »Die wäre aber in den angekündigten zehn Minuten nicht drin, dafür bräuchten wir wahrscheinlich etwas länger.«

»Dann müssten wir entweder unseren Standort verlegen oder das Ganze auf heute Abend verschieben, mir wird nämlich langsam doch etwas kalt. Ihre Einladung zum Essen steht noch?«

»Ich habe nie eine ausgesprochen«, antworte ich grinsend.

»Einen Versuch war es wert«, erwidert sie ebenfalls grinsend. »Aber wissen Sie was? Dann lade ich Sie einfach ein. Es soll auf der Insel ein sehr schönes bretonisches Restaurant geben, das wollte ich mir sowieso mal angucken. Wer weiß, vielleicht gibt es da ja sogar Galettes? Dann könnten Sie gleich mal probieren, worauf ich meine Zukunft bauen will. Vorausgesetzt, Sie nehmen meine Einladung an, natürlich.«

Sie sieht mich fragend an.

»Liebend und dankend gern«, sage ich. »Allerdings nur unter einer Bedingung.«

»Und die wäre?«

»Ich würde Sie ungern den ganzen Abend lang mit faszinierende Jungfrau ansprechen müssen«, sage ich.

»Schüssler«, sagt sie und lächelt wieder. »Martina

Schüssler. Nicht das Sternzeichen. Aber dann habe ich auch eine Bedingung.«

»Lassen Sie mich raten: Ich darf mich nicht wie ein Bänker anziehen.«

»Das sowieso nicht. Wenn Sie im hellblauen Hemd mit roter Krawatte, roten Hosenträgern und Anzughose kommen, werde ich leugnen, Sie zu kennen.«

»Keine Sorge, meine Bänker-Uniform hängt seit Monaten unbenutzt zu Hause im Schrank. Und ich habe sie nie gemocht.«

»Dann ist's ja gut«, sagt sie. »Nun zu meiner Bedingung: Ich finde diese ganze Siezerei sehr anstrengend und verkrampft. Wenn Sie mit mir essen gehen, müssen wir uns unbedingt duzen.«

»Kein Problem, sehr gern. Wo soll ich dich abholen?«

»Ich muss noch rausfinden, wo genau dieses Restaurant ist. Ich glaube, es ist gar nicht hier in Westerland, sondern in Hörnum. Lass uns doch einfach am Anfang der Promenade treffen. Falls es weiter weg ist, komme ich mit dem Auto.«

»Das klingt nach einem guten Plan. Wann?«

»Ich habe jetzt schon Hunger. Wäre in zwei Stunden okay?«

»Also um sieben? Das passt prima.«

Sie steht auf.

»Dann bis nachher, Herr Finanzexperte«, sagt sie.

»*Du* Finanzexperte, bitte. Bis später, ich freu mich.«

Sie geht, dreht sich nach ein paar Schritten nochmal um und winkt mir lächelnd zu.

Na, das nenne ich mal einen fulminanten Start in
den Urlaub. Kaum angekommen schon ein Date mit
einer sehr entzückenden Frau, der ich auch noch
Finanztipps geben darf!

Zwei Stunden später sitzen wir in einem sehr schönen Restaurant mitten in den Dünen mit Blick aufs
Meer. Für die Terrasse ist es leider zu frisch, aber wir
haben einen schnuckeligen Tisch drinnen direkt an
einem großen Panoramafenster gekriegt.

Wir mussten tatsächlich zwanzig Minuten mit dem
Auto fahren, die Fahrt war aber sehr kurzweilig, wir
haben nett geplaudert. Martina wohnt in Heidelberg,
also nicht weit von mir entfernt. Nicht, dass ich da
jetzt schon irgendwelche Pläne schmieden würde. Ein
Urlaubsflirt ist ein Urlaubsflirt ist ein Urlaubsflirt. Außerdem ist ja noch gar nichts passiert. Könnte aber.
Ich wäre zumindest nicht abgeneigt. Und wenn nicht,
dann eben nicht. Interessant und entzückend werde
ich sie trotzdem weiter finden. Sie reist allerdings
morgen schon ab, viel Zeit bleibt also nicht, falls sich
da etwas entwickeln sollte. Zum Glück war ich kurz
vor dem Urlaub nochmal beim Friseur und habe ein
paar ausgehtaugliche Klamotten eingepackt, an Äu-
ßerlichkeiten sollte es also nicht scheitern.

»Schade, es gibt keine Galettes«, sagt Martina nach
einem ausführlichen Blick in die Karte.

»Ja, schade«, sage ich. »Dann musst du wohl mit deinem Food Truck einfach mal in Frankfurt vorbeikommen, damit ich welche probieren kann.«

»Vorsicht«, sagt sie grinsend. »Am Ende mache ich das tatsächlich.«

»Nichts dagegen. Wenn du dich mit deinem Truck vor meine Stammkneipe stellst, garantiere ich dir einen Bombenumsatz.«

»Ich nehm dich beim Wort. In Frankfurt sind regelmäßig Food-Truck-Festivals, es ist also nicht unwahrscheinlich, dass ich dort mal auftauche.«

Die Getränke kommen, wir geben unsere Bestellungen auf.

Sie streckt mir ihr Weinglas entgegen, ich stoße mit meinem Bierglas an. Ich weiß, in einem französischen Restaurant Bier zu bestellen ist ein wenig stillos, aber ich mag einfach keinen Wein. Selbst, als ich in Chile inmitten einer Weinregion war, praktisch direkt an den Weinbergen gelebt habe, habe ich immer nur Bier getrunken. Und wenn es in einem Restaurant kein Bier gab, habe ich mein eigenes mitgebracht. Wenn wie hier aber Bier schon auf der Karte steht, kann ich ja auch Bier bestellen, das ist mir dann auch nicht irgendwie peinlich oder so. Martina hat es jedenfalls nicht kommentiert oder pikiert ihr Gesicht verzogen, also scheint es sie nicht zu stören.

Sie nippt an ihrem Wein und stellt das Glas wieder ab.

»Also«, sagt sie. »Du bist mir noch eine Alternative zu den abstrakten Aktien schuldig.«

»Stimmt, da war noch was«, sage ich. »Jetzt gleich?«

»Warum nicht?«, erwidert sie. »Dann habe ich es hinter mir, und wir können uns erfreulicheren Themen widmen.«

»Kein Problem. Also: Die Alternative zum Investieren in den ETF-Fonds wäre, dir eine Immobilie zuzulegen. Das würde in deinem Fall durchaus Sinn machen, weil du genug Geld zur Verfügung hast, um eine kleine Wohnung zu kaufen. Mit weniger wären tatsächlich nur die Aktien ratsam. Wie wohnst du denn aktuell? Zur Miete?«

»Ja«, antwortet sie. »Aber sehr preiswert. Meine Schwiegereltern sind meine Vermieter. Die Wohnung ist groß und schön und einfach perfekt, da würde ich nur ungern ausziehen.«

»Musst du ja nicht. Die zweite Wohnung sollst du nicht für dich kaufen, sondern um sie zu vermieten. Du musst ja auf lange Sicht Geld damit verdienen und dieses Geld für deine Altersvorsorge anlegen. Einziehen könntest du später trotzdem noch, dann wohnst du im Alter komplett mietfrei.«

»Ach so, okay, daran hatte ich nicht gedacht. Klar, vermieten macht natürlich Sinn. Aber ich wüsste gar nicht, wie und wo ich da anfangen sollte. Wie entscheide ich denn zum Beispiel, wo ich so eine Wohnung kaufe?«

»Das ist schon mal eine sehr gute Frage, die Lage ist in diesem Fall sehr wichtig. Zum einen sollte sie natürlich in einer stabilen Wohngegend sein, in einem Ballungsgebiet, keine sinkende Bevölkerungsentwicklung, sicherer Arbeitsmarkt, irgendwo, wo du auch in Zukunft noch sicher sein kannst, solvente Mieter zu finden.«

»Klar. Bringt mir ja nichts, wenn ich die tollste Wohnung habe, aber niemanden, der drin wohnen will.«

»Genau. Auch noch wichtig bei der Lage: Ist die Wohnung in deiner Nähe? Ich kenne einige Leute, die tolle Wohnungen zur Vermietung hatten, die aber über eine Stunde von ihrem Zuhause entfernt lagen. Im Endeffekt waren alle froh, als sie die Buden wieder los waren, weil man sich ja als Besitzer auch darum kümmern muss. Irgendwas ist immer mit so einer Wohnung. Da musst du Handwerker bestellen, dich mit manchmal sehr schwierigen Mietern auseinandersetzen, alles Mögliche. Und wenn du dafür jedes Mal zwei Stunden unterwegs bist, vergeht dir schnell die Lust daran. Vorausgesetzt, du hast überhaupt Lust darauf. Falls nicht, musst du dir nämlich jemanden vor Ort suchen, der sich um diese Sachen kümmert und den du dann im ungünstigsten Fall natürlich auch noch dafür bezahlen musst.«

»Hm«, sagt Martina nachdenklich und nippt wieder an ihrem Wein. »Ich bin mir nicht sicher, ob ich auf diesen Aufwand Lust habe. Von der nötigen Zeit ganz zu schweigen. Falls das mit dem Food Truck funktioniert, werde ich ja sehr oft gar nicht in der Stadt sein.«

»Ja, das sind alles Überlegungen, die du in die Entscheidung für oder gegen so eine Wohnung mit einbeziehen musst. Und grundsätzlich muss es sich einfach für dich lohnen. Bei so einer Immobilie steht eindeutig die Rendite im Vordergrund, also der Kaufpreis. Aber selbst, wenn die Rendite stimmt, bringt es nichts, wenn du dich dabei nicht wohlfühlst.«

»Oh, ist das schwierig«, sagt Martina. »Hätte ich bloß nicht nach einer Alternative gefragt, jetzt kann ich mich nicht entscheiden. Kannst du mir nicht einfach sagen, was besser ist?«

»Sorry, aber diese Entscheidung musst du schon selbst treffen«, sage ich grinsend. »Ich bin ein Berater, kein Entscheider. Ich kann dir nur aufzeigen, welche Möglichkeiten es gibt und worauf man dabei achten muss. Ach ja, noch kurz ein Punkt zur Immobilie: Du hast natürlich immer das Risiko, dass mal ein Mieter nicht zahlt, oder dass du an Mietnomaden gerätst. Das ist meiner Oma mal passiert, da hat einer einfach seine Miete nicht mehr bezahlt. Sie musste ihn rausklagen, bis zur Räumung hat es ein Jahr gedauert, das war ein Verlust von zehn- bis fünfzehntausend Euro. So etwas *muss* dir natürlich nicht passieren, kann aber.«

»Das heißt, Aktien sind also auf jeden Fall besser?«, fragt Martina.

»Nicht zwingend«, antworte ich. »Wenn dir die Arbeit und der eventuelle Stress nichts ausmachen, ist eine Immobilie zum Vermieten mit der Option, sie später selbst zu nutzen, vom finanziellen Standpunkt aus genauso gut. Die Aktien sind nur viel weniger aufwändig, das läuft einfach nebenher, und du hast garantiert keinen Stress oder Ärger damit.«

»Also definitiv Aktien? Ach, ich weiß es nicht. Na toll, jetzt habe ich noch etwas, über das ich nachdenken muss, vielen Dank auch. Vielleicht sollte ich noch ein paar Tage länger hierbleiben.«

»Eine fabelhafte Idee!«, sage ich grinsend. »Was muss ich dafür tun?«

»Aufhören, über Geld zu reden«, antwortet sie ebenfalls grinsend. »Nein, im Ernst, ich kann leider nicht länger bleiben. Auch wenn es gerade einen sehr schönen Grund dafür gäbe.«

Oh. Ich möchte davon ausgehen, dass *ich* dieser sehr schöne Grund bin, und das ist sehr schön zu wissen.

»Dann sollten wir diesen Abend umso mehr genießen«, sage ich. »Ich bin auch gleich fertig mit dem leidigen Thema Geld. Nur eins noch, auch wenn es deine Unentschlossenheit eventuell noch weiter fördert: Du kannst natürlich auch beides machen.«

»Beides? Aktien und eine Wohnung kaufen? Genügt denn mein Geld dafür?«

»Das ginge schon. Vielleicht kurz ein Beispiel, wie das möglich wäre. Du könntest mit hunderttausend Euro Eigenkapital und einem Volltilgungsdarlehen die Wohnung in zwanzig Jahren abgezahlt haben. Die Darlehenshöhe und somit der Kaufpreis würden dabei von der zu erwartenden Miete abhängen. Gleichzeitig kannst du die restlichen hundertfünfzigtausend Euro in den ETF-Fonds stecken, daraus könnte nach zwanzig Jahren eine halbe Million werden.«

»Uff!«, stöhnt Martina. »Das war's dann, oder kommt da noch mehr?«

»Nein, das war's. Das sind die Möglichkeiten, die du mit den dreihunderttausend hast.«

»Das ist doch alles ein bisschen viel auf einmal. Das hört sich eigentlich so an, als seien Aktien die richtige Entscheidung für mich, aber irgendwie schrecke ich doch davor zurück, weil ich so wenig Ahnung davon habe. Vielleicht lasse ich das Geld doch einfach auf dem Sparbuch?«

»Das kannst du natürlich so handhaben, wie du möchtest. Ich würde es allerdings als große Verschwendung betrachten. Aber du musst das ja auch alles nicht hier und jetzt entscheiden. Lass es einfach mal ein paar Tage lang sacken, vielleicht kristallisiert sich dann von selbst eine Entscheidung heraus.«

»Ja, das wird wohl das Beste sein.«

»Dann mach das so. Und falls du mir nicht vertraust, kannst du natürlich jederzeit einen anderen

Experten zu Rate ziehen. Persönliche Finanzberater gibt es einige, findest du jederzeit im Internet. Das kostet dann zwar etwas, aber die Investition lohnt sich.«

»Du bezweifelst also, dass ich dir vertraue?«, fragt Martina.

»Nein ... Ja ... Vielleicht ... Weiß nicht ...«, sage ich. »Ich meine, wir haben uns gerade erst kennengelernt. Da kommt so ein Phil dahergelaufen, setzt sich erst mal auf dich und erzählt dir dann, was du mit deinem Geld machen sollst. Du hast keinen triftigen Grund, mir zu vertrauen, und ich meinte das auch nicht negativ. Es ist vollkommen okay und verständlich, wenn du mir nicht vertraust.«

»Weißt du was?«, fragt Martina mit diesem entzückenden Lächeln auf den Lippen. »Frag mich einfach morgen früh noch mal, ob ich dir vertraue. Wahrscheinlich brauchst du dann gar keine Antwort mehr.«

Sie nippt wieder an ihrem Wein und blickt mir dabei über den Rand des Glases tief und verheißungsvoll in die Augen.

Okay. Dieser Abend scheint meinen leisen Hoffnungen offenbar wohl gewogen zu sein.

»Ah, das Essen!«, sagt Martina freudig, als der Kellner kommt und zwei Teller vor uns abstellt. »Höchste Zeit! Dieses ganze Gequatsche über Geld hat mich zwar bei Weitem nicht so sehr gelangweilt wie erwartet, aber gleichzeitig noch hungriger gemacht.«

»Keine Sorge, ich werde heute ganz bestimmt kein Wort mehr über Aktienfonds und Immobilien verlieren.« Als Finanzexperte sollte man nämlich auch wissen, wann man sich das Thema Geld sparen muss.

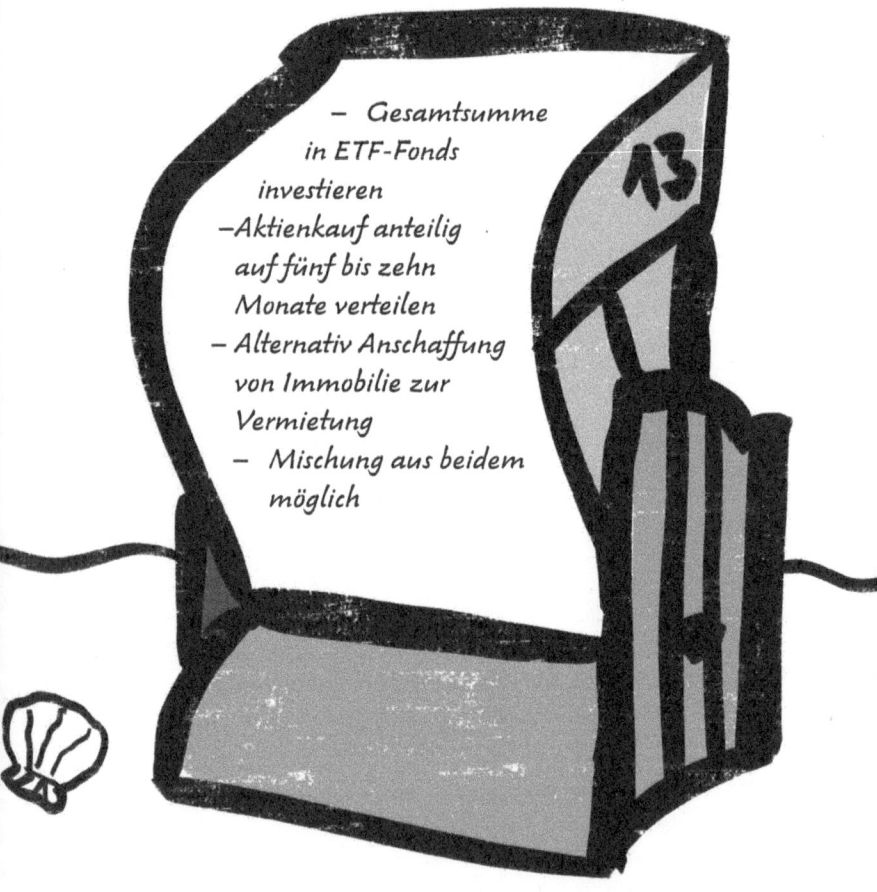

ENTSPAREN hält fit!

»Guten Morgen, Herr Wolk. Mit oder ohne Sauna?«

»Mit, bitte.«

Die Frau kennt meinen Namen? Das wundert mich jetzt aber, ich habe sie noch nie gesehen, sie muss neu hier sein. Wann war ich eigentlich das letzte Mal hier? Das ist bestimmt über einen Monat her. Obwohl, wahrscheinlich hat sie meinen Namen auf dem Mitgliedsausweis gelesen, das würde es erklären.

»Das wäre dann die hundertfünfundachtzig«, sagt sie und drückt mir einen Schlüssel in die Hand. »Viel Spaß!«

Ha ha, sehr witzig. Als ob ich zum Spaß hier wäre. Wenn mir das Spaß machen würde, hätten wir uns sicher schon einmal gesehen.

Gleich ein kleiner persönlicher Spartipp zu Anfang des Kapitels: Schließen Sie niemals einen (vermeintlich preiswerten) Vierundzwanzigmonatsvertrag in einem Fitness-Studio ab, wenn Sie sich nicht absolut sicher sind, dass Sie die dort vereinbarten Leistungen auch regelmäßig und über den vollen Zeitraum in Anspruch nehmen werden. Ja, auch ich bin nicht frei von derlei Fehlentscheidungen. Dabei hätte ich es wissen müssen. Schließlich kenne ich mich lang genug. Sport ist einfach nicht mein Ding, zumindest nicht aktiv.

Meine aktive Sportlerlaufbahn endete mit achtzehn, als ich aus dem Fußballverein ausgetreten bin. Vorher war ich ein recht ordentlicher Kicker, aber irgendwann machte es mir keinen Spaß mehr. Trotzdem habe ich es immerhin geschafft, heute noch einen vereinsinternen Rekord zu halten – den für die schnellste rote Karte in der Vereinsgeschichte. Weniger als zehn Sekunden hat es nach meiner Einwechslung gedauert, bis ich vom Platz geflogen bin. Und das nicht etwa wegen einer Tätlichkeit oder weil ich den Schiedsrichter oder sonst jemanden unflätig beleidigt hätte, derartige Ausfälle widersprachen schon immer meiner Vorstellung von Sportsgeist, ich bin ein sehr friedliebender Mensch. Es war ein profaner Einwechselfehler, der mir diesen bis heute ungebrochenen Rekord beschert hat. Deshalb habe ich meine Fußballschuhe zwar nicht an den Nagel gehängt, aber kurze Zeit später war meine aktive Sportlaufbahn aus Unlustgründen jedenfalls beendet.

Passiv hingegen bin ich heute noch ein regelrechter Sportnarr, ich gucke mir jedwede Sportart sehr gerne an, im Fernsehen oder live. Ich bin also sehr sportbegeistert – solange ich mich dabei nicht bewegen muss. Warum ich dann diesen Vertrag abgeschlossen habe?

Eine sehr berechtigte Frage. Es könnte daran liegen, dass mir zu Anfang meines Sabbaticals morgens immer langweilig war. Oder daran, dass ich im Zuge meiner alljährlichen Fastenzeit dem Trugschluss erlegen war, noch mehr für meine Gesundheit tun zu wollen und dabei meine sportliche Leistungsbereitschaft maßlos überschätzt habe. Fakt ist: Es war definitiv eine Fehlentscheidung, die mich viel Geld kostet. Das ist eines dieser schickeren Fitness-Studios, mitten in der Stadt und mit Rolltreppe direkt bis zum Eingang. Das hat mir gleich gefallen – allein diese Tatsache hätte mich schon stutzig machen sollen. Wer sich für ein Fitness-Studio entscheidet, weil eine Rolltreppe dorthin führt, ist eventuell doch nicht ganz bereit dafür, sich dreimal wöchentlich auf ein Laufband zu begeben, um fitter zu werden. Aber bereit dafür, fünfzig Euro pro Monat (anstatt sechzig bei einem Zwölfmonatsvertrag) zu zahlen, war ich dann schon.

Würde ich zehnmal im Monat hingehen, wäre das auch ein durchaus akzeptabler Preis, fünf Euro pro Besuch finde ich angemessen. Aber ich habe ja noch nicht einmal im ersten Monat die zehn Besuche vollgekriegt. Im zweiten Monat waren es dann noch ganze vier, und seitdem gehe ich tatsächlich nur noch einmal im Monat, aber auch nur, um mein schlechtes Gewissen zu beruhigen. Fünfzig Euro für ein bisschen lustlos Gewichtestemmen und Auf-einem-Band-Spazierengehen sind definitiv kein gutes Preis-Leistungs-

Verhältnis – vor allem, wenn man die körperliche Leistung auch noch selbst erbringen muss. Man müsste jemand anderen dafür bezahlen können, sich für einen im Fitness-Studio abzustrampeln, das wäre mir dann gut und gerne sogar hundert Euro im Monat wert. Träumen ist immer erlaubt, hilft mir aber gerade natürlich nicht.

Ich steige die Treppe zum ersten Stock hoch, dort ist die Saunaumkleide. Ich bin schon ein bisschen außer Puste, als ich oben ankomme. Hätten die hier nicht auch eine Rolltreppe einbauen können?

Mein Spind mit der Nummer hundertfünfundachtzig befindet sich zwischen zwei bereits belegten Spinden, das ist deutlich an den jeweils darunterstehenden Schuhpaaren zu erkennen. Das verstehe ich nicht. Ich meine, hier sind ungefähr zweihundert Spinde, von denen um diese Tageszeit vielleicht fünf belegt sind. Und dann geben sie ausgerechnet drei Nummern heraus, die direkt nebeneinanderliegen? Wären die anderen beiden Spindinhaber gerade auch da, könnte sich keiner von uns umziehen, ohne den anderen dabei in die Quere zu kommen. Das ist so gut wie jedes Mal so, links und rechts ist meilenweit kein Spind besetzt, aber meiner liegt immer direkt neben mindestens einem anderen. Vielleicht machen sie das ja mit Absicht, sozusagen als zwischenmenschlichen Service, damit man schneller mit anderen Mitgliedern ins Gespräch kommt. Ich komme aber nur sehr schwer mit jemandem ins Gespräch, wenn ich seinen nackten Hintern quasi direkt an der Nase kleben habe.

Am Anfang hatte ich noch überlegt, zurück nach unten zu gehen, mich zu beschweren und einen anderen Spind zu verlangen, gemacht habe ich es aber nie. Zum einen müsste ich dann die Treppen noch einmal hoch, und zum anderen ist es letztlich nicht so schlimm, dass man sich ernsthaft darüber aufregen müsste. Das ist nämlich etwas, das ich mir schon seit langer Zeit spare: mich über Kleinigkeiten oder Sachen aufzuregen, die ich nicht ändern kann. Das Wetter, zum Beispiel. Oder wenn die Bahn mal wieder zu spät kommt, oder gar nicht. Natürlich ärgert mich das im ersten Moment auch ein bisschen, aber ich rege mich nicht mehr darüber auf, weil ich es ohnehin nicht ändern kann. So spart man nämlich jede Menge Nerven, und die sind mindestens so kostbar wie Geld.

Ich ziehe mich um, krame meinen Trainingsplan aus der Tasche und gehe runter zu den Geräten. Nachdem ich mich drei Minuten auf dem Laufband warm gelaufen habe, ist die erste Übung dran. Das war irgendwas mit Rücken, oder? Ich schaue auf meinen Plan, dort steht R4. Welches Gerät war das nochmal gleich? Ich irre umher, bis ich es gefunden habe. Oh, Mist, es ist besetzt, da liegt ein Handtuch auf dem Sitz. Na gut, dann fange ich eben mit der zweiten Übung an, das Gerät steht genau gegenüber. Ich stelle es auf meine Anforderungen ein, setze mich und trainiere irgendwelche Muskeln, die man garantiert nur für diese Übung braucht. Dabei habe ich R4 fest im Blick, darauf lauernd, dass es frei wird.

Ich bin mit meinen ersten beiden Sätzen fertig, R4 wird immer noch nur von einem Handtuch benutzt. Vielleicht hat es ja jemand dort vergessen? Dann wäre das Gerät den ganzen Tag lang besetzt, ohne dass jemand daran trainiert. Ob ich jemanden von der Belegschaft darauf ansprechen soll? Ich meine, es kann ja wohl nicht sein, dass ein Handtuch ein Gerät besetzt – es hat mit Sicherheit keine fünfzig Euro bezahlt. Ich bin gerade in meinem dritten Satz, als der Mann, der bis eben an dem Gerät neben R4 trainiert hat, aufsteht und sich auf das Handtuch setzt. Moment mal. Das glaube ich ja jetzt wohl nicht. Das ist *sein* Handtuch? Und er hat es auf R4 gelegt, während er nebendran an einem anderen Gerät trainiert hat? Er hat also zwei Geräte gleichzeitig belegt? Wenn er dafür nicht hundert Euro im Monat bezahlt, ist das ganz schön dreist und unverschämt.

Ich meine, wir sind ja hier nicht auf Malle, wo man als guter deutscher Tourist morgens um sechs sämtliche Liegestühle mit Handtüchern tapeziert, um sich einen Platz für später zu sichern. Und das finde ich schon unmöglich. Das wird ja immer als typisch deutsch bezeichnet – in diesem Fall ausdrücklich nicht als Gütesiegel. Wieso machen die Leute das? Liegt es in der deutschen Natur, immer die Ersten sein zu wollen? Ich meine, beim Bäcker schafft man es ja auch, sich in die Schlange zu stellen und zu warten, bis man an der Reihe ist, ohne Handtücher auf die Backwaren hinter der Theke zu werfen. Oder macht man das nur im Ausland, weil einen da keiner kennt? Offenbar nicht, wie ich gerade selbst erlebe. Und dieser Typ ist ja noch dreister, er annektiert quasi gleich zwei Liegestühle auf einmal nur für sich. Darüber kann ich mich dann doch aufregen, und zwar nicht zu knapp. Und wenn ich mich schon mal aufrege, muss ich auch etwas gegen die Ursache unternehmen.

Ich erhebe mich von meinem Gerät und gehe auf ihn zu.

»Sagen Sie mal, finden Sie das etwa in Ordnung?«, frage ich ihn.

Er sieht mich verdutzt an.

»Was denn?«, möchte er wissen.

»Na, dass Sie hier zwei Geräte auf einmal blockieren. Zahlen Sie vielleicht den doppelten Mitgliedsbeitrag, oder wieso denken Sie, das Recht dafür zu haben?«

»Ach so«, sagt er verwundert. »Wollten Sie hier dran?«

»Ja«, antworte ich. »Oder vielleicht auch jemand anderes. Aber da lag ja Ihr Handtuch drauf, was normalerweise signalisiert, dass dort gerade jemand trainiert.«

»Na, das mache ich doch«, erwidert er. »Ich trainiere gerade an diesem Gerät.«

»Ja, aber eben haben Sie noch an einem anderen Gerät trainiert und gleichzeitig dieses mit Ihrem Handtuch als belegt deklariert, obwohl es zu diesem Zeitpunkt frei war. Sie können ja wohl schlecht auf zwei Geräten gleichzeitig sitzen.«

»Ja, aber die beiden Geräte ergänzen sich perfekt. In meinem Trainingsplan steht, ich soll sie abwechselnd benutzen.«

»Das mag ja sein, aber da steht sicher nicht, Sie sollen sie gleichzeitig blockieren.«

»Sie hätten ja etwas sagen können.«

»Ach ja? Wem denn? Ihrem Handtuch? Hätte es mir dann eine ausführliche Personenbeschreibung gegeben und mich darauf hingewiesen, dass es Ihnen gehört?«

»Jetzt stellen Sie sich nicht so an«, sagt er angesäuert. »Ich bin ja gleich fertig.«

Okay, ich merke, es bringt nichts, mit ihm zu diskutieren, er kapiert es ja doch nicht.

Ich sage nichts mehr, bleibe aber mit vor der Brust verschränkten Armen und ihn mit einem durchdringenden Blick fixierend so lang direkt vor ihm stehen, bis er aufsteht, sein Handtuch vom Platz nimmt und grummelnd abzieht.

So, genug aufgeregt. Ich lege mein Handtuch auf den Sitz von R4, setze mich und beginne mit der Übung. Uff, war das beim letzten Mal auch schon so schwer? Ich kann die Stange nicht einmal einen Zentimeter nach unten bewegen. Ach so, ich habe vergessen, das Gewicht einzustellen. Gut, dass ich mich nicht ernsthaft mit dem Handtuchtyp angelegt habe, er ist offenbar sehr viel stärker als ich.

Als ich beim zweiten Satz bin, sehe ich einen älteren Herrn die Trainingsfläche betreten, der mir irgendwie bekannt vorkommt. Oder doch nicht? Mit mehr Haaren vielleicht? Ja, doch, ich kenne diesen Mann, ziemlich sicher. Aber woher? Während ich darüber nachgrüble, läuft er langsam in meine Richtung. Er humpelt dabei leicht. Jetzt hat er mich gesehen. Sein Gesicht erhellt sich, er lächelt und steuert direkt auf mich zu. Okay, wir kennen uns offensichtlich. Nur blöd, dass mir einfach nicht einfallen will, woher. Oh Mann, ich hasse solche Situationen. Offenbar freut er sich sehr, mich zu sehen, er lächelt über sein ganzes Gesicht. Gleich wird er mich begrüßen, und ich werde einen sehr freundlich wirkenden älteren Mann enttäuschen, weil ich nicht weiß, wer er ist. Aber vielleicht fällt es mir ja noch ein, noch ist es nicht zu spät. Denk nach, Hirn! Schnell! Gleich ist er bei mir. Er öffnet bereits seinen Mund. Mist!

»Der Herr Bankdirektor!«, begrüßt er mich und klopft mir auf die Schulter. »Dich habe ich ja ewig nicht gesehen!«

Uff. Ich weiß wieder, wer er ist – der »Herr Bankdirektor« hat den Groschen zum Glück aus meinem schlechten Gedächtnis purzeln lassen.

»Herr Wagner!«, grüße ich freudig zurück. »Das ist aber schön!«

Und das ist jetzt nicht nur eine höfliche Floskel, ich freue mich tatsächlich sehr, ihn zu sehen. Herr Wagner ist der Vater von Torsten, einem uralten Kumpel aus meiner Schulzeit. Wir waren damals unzertrennlich, und ich hing sehr oft bei Torsten zu Hause ab. Herr Wagner war immer sehr nett zu mir, und ich mochte ihn auch sehr gerne. Als es dann bei mir mit der Banklehre losging, fing er an, mich »Herr Bankdirektor« zu nennen, das fand er immer saulustig.

»Wie geht's dir?«, fragt er mich. »Anscheinend ja nicht schlecht, sonst könntest du es dir kaum leisten, um die Uhrzeit in dieser Folterwerkstatt rumzuhängen. Oder hast du gerade Urlaub?«

»Besser«, sage ich. »Ich habe Sabbatical. Das dauert viel länger als Urlaub.«

»Ach, ihr Bänker immer mit euren neumodischen Ausreden, nicht arbeiten gehen zu müssen. Bei uns hieß Sabbatical noch Kreissäge. Wenn bei mir im Betrieb jemand länger als drei Wochen nicht gearbeitet hat, lag er für gewöhnlich mit ein paar Fingern weniger im Krankenhaus.«

Er lacht laut und herzhaft, und ich weiß wieder, wieso ich ihn damals so sehr mochte – sein ebenholzgefärbter Schreinerhumor lag schon immer genau auf meiner Wellenlänge.

»Oder bist du etwa aus medizinischen Gründen

hier?«, fragt er besorgt. »Das würde mir natürlich leidtun.«

»Nein, nein«, sage ich abwinkend. »Alles in Ordnung bei mir. Und bei Ihnen? Ich habe da ein leichtes Humpeln gesehen. Geht es Ihnen gut?«

»OP«, sagt er und zeigt auf sein linkes Knie. »Letzten Monat. Da ist jetzt Titan drin. Ich bin zur Nachbearbeitung hier, sozusagen für den letzten Schliff. Die Prognose ist aber positiv, in einem Monat soll ich wieder laufen und springen können wie ein junger Gott.«

»Na, dann drücke ich mal die Daumen«, sage ich. »Und sonst? Geht es allen gut? Was macht Torsten so? Und die Enkelkinder? Zwei waren das, oder? Ich habe irgendwann den Überblick verloren.«

»Mittlerweile sind es drei«, sagt Herr Wagner. »Ist noch ein Mädchen dazugekommen, die Kleine ist jetzt vier.«

»Was, vier schon?«, sage ich ehrlich erstaunt.

Das bedeutet ja, dass ich Torsten über vier Jahre nicht mehr gesehen oder gesprochen habe. Wieso eigentlich nicht? Irgendwann während der Ausbildung wurde unser Kontakt immer spärlicher. Er arbeitete bei seinem Vater in der Schreinerei, ich bei der Bank, neues Umfeld, neuer Bekanntenkreis, andere Interessen, so läuft das eben manchmal. Dann hat er Birgit kennengelernt, ziemlich schnell geheiratet, das erste Kind bekommen, das zweite kurz hinterher, Familienglück, nicht mein Lebensentwurf. Das meine ich gänzlich wertfrei, jeder soll auf die Art und Weise leben und glücklich werden, wie er oder sie es sich wünscht, kein Lebensentwurf ist besser oder schlechter als ein anderer. Es erklärt nur, wieso wir uns aus den Augen verloren haben.

»Aber er arbeitet immer noch bei Ihnen in der Schreinerei?«, möchte ich wissen.

»Ja«, antwortet Herr Wagner. »In ein bis zwei Jahren übernimmt er den Betrieb sogar komplett. Er hat letztes Jahr seinen Meister gemacht, und ich steuere langsam, aber sicher auf die Rente zu. Ich bin jetzt schon nur noch halbtags im Einsatz und ziehe mich immer weiter zurück.«

»Verstehe. Und, fällt es Ihnen schwer, weniger zu arbeiten?«

»Manchmal schon, aber es gibt ja zum Glück noch andere Sachen, die das Leben lebenswert machen. Ich freue mich auf die Rente, dann haben Gudrun und ich endlich Zeit zu reisen. Wir haben in den letzten Jahren erst mal damit angefangen, Deutschland zu erkunden. Als Nächstes ist Europa dran, wir arbeiten uns so langsam in die Welt vor.«

»Das klingt nach einem guten Plan«, sage ich. »Und wie ich Sie kenne, ist die Finanzierung wahrscheinlich kein Problem.«

Herr Wagner hat mir schon vor meiner Ausbildung immer eingetrichtert, wie wichtig es sei, fürs Alter vorzusorgen, deshalb gehe ich davon aus, dass er sich um Geld keine Sorgen machen muss.

»Nein, ich bin, denke ich, finanziell sehr gut auf die Rente vorbereitet, da muss ich mir keine Sorgen machen«, sagt Herr Wagner. »Was natürlich nicht heißt, dass ich nicht den einen oder anderen Tipp vom Herrn Bankdirektor gebrauchen könnte. Hast du vielleicht gerade einen Moment für mich?«

Hm, mal überlegen. Weiter fleißig Gewichte stemmen oder eine kurze Pause machen, um einem lieben alten Bekannten Finanztipps zu geben? Es gibt Entscheidungen, die fällen sich einfach von selbst.

»Klar, gern, kein Problem«, sage ich.

»Sehr gut.«

Herr Wagner legt sein Handtuch auf das Gerät neben mir und setzt sich.

»Also, wie ist denn der Stand der Dinge bei Ihnen?«, frage ich. »Sie haben ja damals schon immer Geld fürs Alter zurückgelegt. Wie viel ist denn daraus mittlerweile geworden?«

»Ja, ich habe vor ungefähr fünfunddreißig Jahren angefangen, jeden Monat etwas in Aktienfonds zu stecken. Am Anfang waren es nur kleine Beträge, im Laufe der Jahre habe ich sie erhöht, immer, wenn eine Ausgabe wegfiel. Als Torsten ausgezogen ist, habe ich die Rate zum Beispiel sofort erhöht. Wenn die Kinder einem nicht mehr auf der Tasche liegen, spart man doch enorm.«

Sehr gut, alles richtig gemacht. Sobald ein Kind aus dem Haus ist, spart man als Eltern statistisch gesehen locker um die fünfhundert Euro im Monat. Oder wenn das Eigenheim abbezahlt ist, dann fällt ja auch ein ganzer Batzen monatlicher Ausgaben weg. Da man dieses Geld vorher auch nicht hatte und somit nicht vermisst, kann man einen Teil davon ohne jede Mühe zum Anlegen verwenden und sich vom Rest etwas gönnen.

»Aktuell beläuft sich dieses angesparte Geld auf eine Summe von dreihundertfünfzigtausend Euro«, fährt Herr Wagner fort. »Das sollte wohl ein paar Jährchen für Gudrun und mich reichen, oder?«

»Kommt ganz darauf an, wie gut es das Alter mit Ihnen meint«, sage ich. »Aber, ja, grundsätzlich sind das gute Voraussetzungen für ein sorgenfreies Rentnerdasein. Was kriegen Sie denn als Rente? Ihre Frau hat auch gearbeitet, oder?«

»Ja, im Schulamt«, antwortet Herr Wagner. »Wir haben das mal bei einer Rentenberatung ausrechnen lassen. Es werden so um die zweitausend Euro sein, die wir monatlich zur Verfügung haben.«

»Das ist ja schon mal nicht schlecht, damit kann man was anfangen. Das Häuschen ist abbezahlt?«

»Ja, längst. Auf der Schreinerei liegt noch eine Hypothek, weil wir vor fünf Jahren den großen Umbau hatten, aber das ist ja in Zukunft Torstens Problem. Wobei das kein Problem sein wird, die Auftragslage ist seit einigen Jahren sehr stabil bei uns.«

»Sehr gut«, sage ich. »Das bedeutet, dass die dreihundertfünfzigtausend komplett Ihnen und Ihrer Frau zur Verfügung stehen?«

»So ist es.«

»Prima. Und haben Sie sich schon Gedanken darüber gemacht, wie Sie das Geld vernünftig entsparen?«

»Entsparen?«, wiederholt Herr Wagner und sieht mich verwundert an. »Diesen Begriff habe ich noch nie gehört. Ist das wieder so ein neumodischer Bänker-Ausdruck? Was soll das denn sein? Das Gegenteil von Sparen? Also ausgeben? Mach dir darüber keine Sorgen, das kriegen wir schon hin.«

»Nein«, sage ich lachend. »Beim Entsparen geht es nicht ums Ausgeben, das kann ja jeder, das ist keine Wissenschaft. Aber was genau hatten Sie denn vor mit den dreihundertfünfzigtausend?«

»Na ja, nichts Bestimmtes«, antwortet Herr Wagner. »Darüber habe ich noch nicht näher nachgedacht. Die sind einfach da, und wenn wir etwas brauchen, nehme ich etwas davon, oder?«

»Eben nicht«, erwidere ich. »Das Ganze kann man auch geschickter, geplanter und vor allem sicherer machen. Es geht darum, das ersparte Geld in der Phase des Vermögensverzehrs vernünftig zu verwalten. Das nennt man dann entsparen.«

»Aha, man lernt doch nie aus«, sagt Herr Wagner. »Sicherer klingt natürlich gut. Wobei mich dann gerade eher beunruhigt, dass das Geld jetzt nicht sicher ist, was ich immer dachte. Was meinst du damit? Muss ich mir etwa Sorgen machen?«

»Nein, nein, das wollte ich damit nicht sagen. Aber das Geld steckt in Aktienfonds, da kann kurzfristig immer etwas passieren, das kennen Sie ja sicher aus Ihrer Ansparzeit. Zurzeit befinden wir uns zwar im Bullenmarkt, aber das kann sich ja auch wieder ändern.«

»Ha! Bullenmarkt, diesen Begriff kenne ich!«, sagt Herr Wagner stolz. »Das bedeutet, dass die Kurse gerade steigen, oder?«

»Richtig. Aber irgendwann kommt auch sicher wieder ein Bärenmarkt, dann fallen die Kurse, und Ihr Geld könnte plötzlich sehr viel weniger werden. Ein Bärenmarkt dauert erfahrungsgemäß um die sechzig Monate lang an, bis er sich komplett erholt und wieder auf dem Stand von vorher ist. Fünf Jahre sind eine lange Zeit, und besonders im Alter können das entscheidende fünf Jahre sein, in denen man auf das Geld angewiesen ist. Wer weiß, ob man noch die Zeit hat, um so einen Bärenmarkt auszusitzen. Von daher halte ich es für ratsam, das Geld nach und nach aus dem Aktienmarkt herauszuziehen und in eine sichere Anlageform umzuschichten. Ein bisschen Dampf aus dem Kessel zu lassen und den Fuß vom Gas zu nehmen kann nicht schaden.«

»Ja, das hört sich durchaus vernünftig an«, sagt Herr Wagner.

»Zahlen Sie jetzt auch noch monatlich etwas in die Aktienfonds?«, frage ich.

»Ja, natürlich. Ich arbeite ja noch ein bis zwei Jahre halbtags. Zurzeit zahle ich jeden Monat fünfhundert Euro ein, vorher waren es tausend.«

»Die fünfhundert sollten Sie ab sofort lieber auf einem Sparbuch weiter ansparen, da sind die Zinsen natürlich geringer, das Risiko aber auch.«

»Das kann ich gleich heute Nachmittag veranlassen, ich wollte sowieso noch zur Bank.«

»Gut, dann können Sie auch gleich …«

»Äh, sorry, Männer?«, unterbricht mich eine männliche Stimme.

Ich zucke kurz erschrocken zusammen und blicke nach oben. Vor uns steht einer der Trainer in seiner Fitness-Studio-Uniform aus blauer Jogginghose und giftgrünem T-Shirt. Wo ist der denn jetzt so plötzlich hergekommen? Diese Jungs erschrecken mich immer wieder, wenn sie plötzlich neben mir auftauchen, um mir ungefragt zu sagen, was ich alles falsch mache. Könnte es sein, dass man als Fitnesstrainer einen speziellen Kurs im Anschleichen und Erschrecken absolvieren muss? Aber diesmal kann ich ja nichts falsch gemacht haben, ich sitze nur hier. Oder kann man in einem Fitness-Studio selbst das falsch machen?

»Ja, was ist denn?«, frage ich ihn.

»Wenn ihr euch noch länger unterhalten wollt, könntet ihr dann vielleicht in den Empfangsbereich umziehen?«, fragt er. »Es hat sich jemand beschwert, dass ihr die beiden Geräte blockieren würdet.«

Oh. Das stimmt natürlich. Wir blockieren zwei Geräte, ohne sie zu benutzen, daran habe ich jetzt gar nicht gedacht. Da rege ich mich noch über den Handtuchtyp auf, und dann mache ich etwas Ähnliches. Wie war das mit dem Wasser predigen und Wein trinken? Das ist mir jetzt schon ein bisschen peinlich, zumindest vor mir selbst.

»Beschwert?«, hakt Herr Wagner nach. »Wer hat sich denn beschwert? Es war niemand hier, sonst wären wir natürlich sofort aufgestanden.«

»Der Herr da drüben an der Beinpresse«, sagt der Trainer und zeigt auf den Handtuchtyp. »Er sagte, dass sei ein Fitness-Studio hier und kein Seniorenkaffeeklatsch.«

Und schon ist es mir nicht mehr peinlich. Auch, wenn sie berechtigt gewesen wäre: Das war keine echte Beschwerde, das war nur ein sehr billiger Racheversuch. Wie bescheuert kann ein einzelner Mensch eigentlich sein?

»Seniorenkaffeeklatsch?«, knurrt Herr Wagner. »Der tickt wohl nicht ganz richtig. Man wird sich doch noch kurz unterhalten dürfen. Und als Senior muss ich mich auch nicht bezeichnen lassen, und du schon gar nicht, Phil. Na warte, dem werde ich gleich mal die Meinung geigen.«

Er steht erbost auf, ich halte ihn zurück.

»Lassen Sie es, Herr Wagner«, beschwichtige ich ihn. »Das bringt ja doch nichts. Solche Leute ignoriert man am besten, die sind die Aufregung nicht wert.«

»Ja«, sagt er und schnauft kurz durch. »Hast ja recht. Ich gehe bei so was meistens sehr schnell in die Luft. Das ist mit zunehmendem Alter zum Glück besser geworden. Ich werfe unseren Lehrlingen nur noch ganz selten etwas hinterher, wenn sie Mist gebaut haben.«

Ich kann ihn ja verstehen – diesem Handtuchwiderling gehört tatsächlich etwas hinterhergeworfen, am besten eine Zehn-Kilo-Hantel, aber das führt doch nur zu unangenehmen Verwicklungen mit Polizei und Staatsanwaltschaft, und das ist es einfach nicht wert.

»Kommen Sie«, sage ich. »Wir gehen nach vorne und trinken einen Kaffee.«

»Das ist eine sehr gute Idee«, sagt Herr Wagner. »Aber ich bezahle.«

Wir machen uns auf den Weg zum Empfangsbereich. Als wir an dem Handtuchidioten vorbeikommen, grinst er mich hämisch an. Ich grinse zurück und zeige ihm aus der Hüfte den Finger mit der größten Ausdruckskraft.

Zwei Minuten später stellt Herr Wagner zwei Kaffee und zwei Brezeln auf einem der kleinen Tische im Empfangsbereich ab und setzt sich zu mir. Es gibt Brezeln hier? Das ist mir noch nie aufgefallen. Feste Nahrung in einem Fitness-Studio? Ist das nicht ein Widerspruch in sich? Ich dachte immer, in Fitness-Studios dürfe es nur flüssige Nahrung geben, Proteine, Eiweiß, Anabolika und Ähnliches. Aber okay, nichts dagegen, eine Brezel kommt mir gerade recht, ich habe noch nicht gefrühstückt.

»So, wo waren wir?«, frage ich nach dem ersten Schluck Kaffee.

»Ich wollte zur Bank gehen, um meine Sparrate ab jetzt nicht mehr in Aktienfonds zu investieren«, antwortet Herr Wagner. »Und dann sollte ich, glaube ich, noch irgendetwas anderes dort machen?«

»Ach ja«, sage ich. »Genau. Wenn Sie schon dort sind, können Sie Ihren Bankberater auch gleich darauf vorbereiten, dass er demnächst hundertfünfzigtausend Euro aus den Fonds abziehen soll.«

»Das kann ich machen«, sagt Herr Wagner. »Was heißt in diesem Fall demnächst? Wenn ich komplett aufhöre zu arbeiten?«

»Nein, ruhig jetzt schon«, erkläre ich. »Es gibt keinen Grund, das aufzuschieben. Sie hören in ein bis zwei Jahren auf zu arbeiten, sagten Sie?«

»Ja. Eher in einem als zweien. Dann ist alles mit Torsten und der Übergabe abgewickelt, und Gudrun hört Mitte nächsten Jahres auch auf zu arbeiten.«

»Okay, das passt also zeitlich perfekt.«

»Und was mache ich dann mit den hundertfünfzigtausend? Lege ich die auch auf ein Sparbuch von wegen mehr Sicherheit?«

»Sparbuch würde auch gehen, aber dann verschenken wir Zinsen, das machen wir anders. Die hundertfünfzigtausend verteilen wir in zehn Teilen auf zehn Festgeldkonten, also fünfzehntausend pro Konto. Der erste Teil wird auf ein Jahr festgelegt, der zweite auf zwei, der dritte auf drei, immer so weiter, der letzte Teil dann auf zehn Jahre. So bauen wir uns eine stabile Zinsleiter aus widerstandsfähigem Holz – damit müssten Sie sich als Schreiner ja auskennen.«

»Verstehe«, sagt Herr Wagner. »Dann haben wir jedes Jahr fünfzehntausend Euro garantiert zur Verfügung, die wesentlich sicherer aufgehoben sind als auf dem Aktienmarkt.«

»Genau. Und es gibt auch noch ein paar Zinsen darauf.«

»Ganz schön clever, Herr Bankdirektor«, sagt Herr Wagner und klopft mir anerkennend auf die Schulter.

»Danke, ich versuche nur, meinem Titel gerecht zu werden«, sage ich grinsend.

»Und was passiert dann mit den restlichen zweihunderttausend, die noch in den Fonds stecken? Sollte man die nicht besser auch gleich rausziehen und festlegen?«

»Das könnte man natürlich machen, aber dann reicht das Geld je nach Festgeldzinsen dreiundzwanzig bis vielleicht vierundzwanzig Jahre, dann ist es aufgebraucht. Dann wären Sie wie alt?«

»Siebenundachtzig.«

»Und was ist, wenn Sie älter werden?«, frage ich.
»Meine Oma ist letztes Jahr hundert geworden, das ist bei Ihnen ja auch durchaus drin.«

»Wenn meine Knie mitspielen und ich mich an diese Folterwerkstatt hier gewöhne, ja, vielleicht. Und Gudrun hält sich sowieso schon länger in ihren verschiedenen Gruppen fit. Yoga, Laufen, Gymnastik, was weiß ich, was die da alles treiben. Wir haben jedenfalls vor, zusammen so alt wie möglich zu werden.«

»Genau darum geht es«, sage ich. »Wäre ja blöd, wenn das Geld dann plötzlich aufgebraucht ist. Von daher kann man die zweihunderttausend ruhig weiter für sich arbeiten lassen, die haben noch jede Menge Potential, sich zu vermehren. Da sollten Sie, wie Sie es bisher sicher auch getan haben, den Markt immer beobachten und dann entsprechend handeln. Wenn es jetzt positiv weitergeht, was wir natürlich hoffen, sind nächstes Jahr aus den zweihunderttausend vielleicht zweihundertfünfzehntausend geworden, oder sogar mehr. Diesen Gewinn können Sie dann wieder rausziehen und auf zehn Jahre festlegen, und so weiter. So wird aus unserer Holzleiter dann hoffentlich eine Rolltreppe. Und dann bleibt sogar noch etwas übrig zum Vererben.«

»Den Markt beobachten, das ist kein Problem. Und wann genau im Jahr ziehe ich den möglichen Gewinn dann jeweils raus?«

»Es gibt da diesen alten Börsenspruch«, sage ich. »*Sell in May and go away*. Da ist auch was dran, also würde ich immer im ersten Halbjahr, spätestens im Mai, verkaufen.«

»Und wenn es keinen Gewinn gibt? Könnte ja auch sein, dass es mal steil bergab geht und von den zweihunderttausend plötzlich nur noch hunderttausend übrigbleiben.«

»Natürlich, das kann immer passieren. Wahrscheinlich ist Ihnen das ja auch in den letzten dreißig Jahren schon mal passiert.«

»Oh ja, nicht nur einmal.«

»Und was haben Sie in einem solchen Fall gemacht?«

»Außer nervös zu werden? Nichts. Mein Bankberater hat immer gesagt, das müssen wir jetzt aussitzen. Hat auch jedes Mal funktioniert, irgendwann steigen die Kurse wieder.«

»Das haben Sie absolut richtig gemacht, immer den Plan beibehalten, nur so funktioniert es. Nach meinem Plan haben Sie jetzt jeweils zehn Jahre Puffer, und in diesem Zeitraum wurden bisher noch die meisten Aktientalsohlen durchschritten. Und grundsätzlich müssen Sie die fünfzehntausend pro Jahr auch nicht zwingend ausgeben. Wenn da etwas übrigbleibt, kann man das auch wieder auf zehn Jahre festlegen. Es kommen ja auch noch die Zinsen aus den Festgeldern dazu, das sind noch mal ungefähr viertausend Euro pro Jahr. Da ist dann sicher auch mal ein kleines Auto für die Enkel oder Ähnliches drin.«

»Das stimmt natürlich. Und verschwenderisch waren wir noch nie, da bleibt bestimmt etwas übrig.«

»Eben, das denke ich doch auch.«

»Gibt es sonst noch etwas, das ich machen sollte?«

»Nein, das war's eigentlich. Ich kann ja noch mal zusammenfassen. Ihre Frau und Sie haben für Ihre Rente nach meinem Plan folgende Geldbeträge zur Verfügung: zweitausend Euro Grundversorgung jeden Monat aus der normalen Rente plus fünfzehntausend Euro jährlich aus den Festgeldkonten. Das macht summa summarum dreitausendzweihundertfünfzig Euro monatlich, garantiert für allermindestens die nächsten dreiundzwanzig Jahre, bei normaler Marktentwicklung mit Höhen und Tiefen aber ziemlich wahrscheinlich um einiges länger. Außerdem haben Sie ja noch das Geld, das Sie bis zu Ihrem endgültigen Arbeitsaustritt ansparen. Das reicht sicher für eine schöne lange Reise durch Europa zum Rentenauftakt. Oder was auch immer Sie damit machen wollen. Gönnen Sie sich und Ihrer Frau auf jeden Fall ab und zu etwas Schönes von dem Geld, das macht das Leben ja lebenswert.«

»Paris«, sagt Herr Wagner mit glänzenden Augen. »Wir wollten schon immer mal nach Paris, haben es aber nie geschafft. Und Rom. Und London. Und Prag soll ja auch so schön sein.«

»Na, dann können Sie ja eine ausgedehnte Hauptstadtreise durch Europa machen. Das klingt doch nach einem sehr schönen Aufbruch in die wohlverdiente Rente.«

»Oh ja, eine Hauptstadttour, das ist eine gute Idee! Muss ich gleich nachher Gudrun erzählen, sie wird begeistert sein. Aber jetzt muss ich erst mal meine Knieübungen machen.«

Er steht auf und streckt mir seine Hand entgegen.

»Vielen lieben Dank, Herr Bankdirektor. Hat mich sehr gefreut, dass du dir die Zeit genommen hast. Ich werde deine Ratschläge ganz sicher befolgen. Und wenn ich noch Fragen habe …«

»… rufen Sie mich einfach an«, vervollständige ich seinen Satz und drücke seine Hand. »Meine Nummer hat sich nicht geändert, Torsten hat sie sicher noch. Liebe Grüße an ihn. Und natürlich auch an Ihre Frau.«

»Werden ausgerichtet. Mach's gut, Phil.«

»Danke, Sie auch.«

Er geht zurück auf die Trainingsfläche und verschwindet zwischen den Geräten für Beinübungen.

Und ich? Was mache ich jetzt? Ein Blick auf die Uhr. Eigentlich wäre ich jetzt fertig mit meinem Trainingsplan. Und ich bin zum Mittagessen mit meiner Mutter verabredet. Das wird knapp, wenn ich jetzt noch das komplette Programm abarbeiten muss. Ach, was soll's, dann wird heute eben nicht mehr trainiert.

Aber in die Sauna gehe ich noch, dann hat es sich wenigstens ein bisschen gelohnt.

Ich stapfe die Treppen nach oben, ziehe mich aus und dusche mich kurz ab. Als ich die Tür zur Sauna öffne, sehe ich als Erstes den Handtuchtyp auf der oberen Bank sitzen, das Handtuch über seinen Schoß drapiert. Nein, danke. Bevor er es neben sich legt, weil die beiden Plätze sich perfekt beim Saunieren ergänzen, verzichte ich lieber auf den Saunagang – schlechte Menschen muss ich nicht auch noch nackt sehen.

Ich dusche mich gründlich, ziehe mich an, melde mich am Empfang ab und verlasse das Studio über die Rolltreppe. Das waren dann diesen Monat fünfzig Euro für anderthalb Rückenübungen. Effizienz geht anders. Da ich aber grundsätzlich versuche, allem stets etwas Positives abzugewinnen, betrachte ich diesen Besuch nicht als Verlust – schließlich habe ich jede Menge Energie gespart.

Entsparen – das Wichtigste auf einen Blick

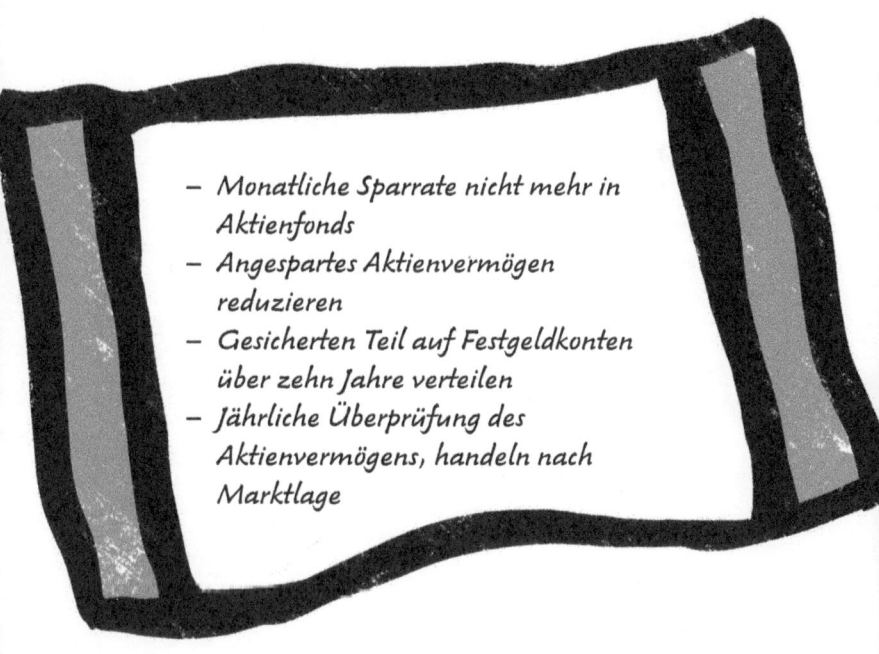

- Monatliche Sparrate nicht mehr in Aktienfonds
- Angespartes Aktienvermögen reduzieren
- Gesicherten Teil auf Festgeldkonten über zehn Jahre verteilen
- Jährliche Überprüfung des Aktienvermögens, handeln nach Marktlage

Spar dir DIES UND merk dir DAS!

»Moni!«, ruft Paul in Richtung Tresen. »Wolltet ihr nicht mal neue Würfelbecher kaufen? Meiner ist offenbar kaputt, ich verliere nur noch!«

»Das liegt nicht am Würfelbecher«, sage ich. »Du bist einfach nur zu doof zum Würfeln.«

»Das sagt ja der Richtige«, erwidert Paul. »Du brauchst ja schon eine Bedienungsanleitung, um einen Würfel fallen zu lassen.«

»Stimmt«, sage ich lachend. »Aber wenigstens lecke ich nicht ständig dran, weil ich denke, die Punkte seien aus Lakritz.«

»Lakritz? Ich dachte, die seien aus Schokolade«, erwidert Paul.

»Dein Hirn ist aus Schokolade«, sage ich. »Und bei der heißen Luft, die aus deinem Mund kommt, muss es ganz schön warm da drin sein. Kein Wunder, dass da kaum noch was übrig ist.«

»Der war nicht schlecht, Wolk«, sagt Paul grinsend.

»Danke, gleichfalls, Schneider«, sage ich und zwinkere ihm zu.

»Was ist denn jetzt mit den Würfelbechern, Moni?«, hakt Paul nach.

»Sorry, ich kam noch nicht dazu!«, antwortet Moni.

»Weil du ständig an mich denken musst und deshalb alles andere vergisst?«

»Weil ich dich ständig vergesse und deshalb zum Glück nie an dich denken muss!«

»Ich wusste es, du liebst mich!«

»Ich wusste es, du gehörst in die Klapse! Drei Kurze auf dich?«

»Was sonst?«, seufzt Paul. »Das ist nicht mein Tag heute. Aber die nächste Runde gewinn ich! Auch ohne neuen Würfelbecher!«

Er lässt die Würfel auf den Tisch knallen.

»Noch ein Bier, Phil?«, fragt Moni.

»Liebend gern«, sage ich. »Und es wird sicher nicht das letzte sein heute. Apropos: Alles, was Jochen heute Abend trinkt, geht auf mich.«

»Jochen? Aber der ist doch gar nicht da«, wundert sich Moni.

»Noch nicht«, sage ich. »Müsste aber gleich kommen. Wir sind verabredet. Es gibt etwas zu feiern.«

»Ach so, stimmt ja«, sagt Moni grinsend. »Hab's vorhin bei Jochen auf Facebook gesehen. Herzlichen Glückwunsch!«

Was, das steht schon bei Facebook? Der ist aber auch fix. Mist. Wie soll man denn die Bedienung seines Herzens auf die Folter spannen, wenn alles immer gleich bei Facebook steht? Ich wollte sie jetzt mit der guten Nachricht ein bisschen zappeln lassen. Aber okay, so ist das eben heutzutage, da bleibt nichts lang geheim. Bisher konnte ich mich aus diesem ganzen Social-Media-Kram immer noch erfolgreich raushalten, aber demnächst muss ich mir wahrscheinlich doch auch mal einen Facebook-Account einrichten. Und Twitter. Und Instagram. Und was weiß ich, was es da noch alles gibt und was man als moderner Buchautor so alles braucht und bedienen muss.

Jawohl, seit heute ist es offiziell: Ich werde Autor! Und das auch noch, ohne ein einziges Wort selbst zu schreiben. Ziemlich clever, was? Spaß beiseite, ganz so einfach ist es natürlich nicht. Es stimmt zwar, dass ich nicht selbst schreiben werde, das überlasse ich lieber jemandem, der es kann, nämlich Jochen. Aber Arbeit kommt da trotzdem jede Menge auf mich zu. Recherchieren, die ganzen Artikel, die ich über die letzten Jahre gesammelt habe, sichten, alles nach Kapiteln geordnet zu Papier bringen. Okay, also doch ein bisschen selbst schreiben, wobei man das bei mir nicht im professionellen Sinne Schreiben nennen kann, das sind eher längere Notizzettel ohne jeglichen orthografischen, grammatikalischen oder gar stilistischen Wert. Ich habe auch bereits damit angefangen, Jochen und ich treffen uns seit einem knappen halben Jahr mehr oder weniger regelmäßig einmal pro Woche, um das Buch zu planen – seit zwei Monaten merkbar regelmäßiger, denn seitdem steht fest, dass unser Buch tatsächlich erscheinen wird.

Als ich Jochen von meiner Idee eines unterhaltsamen Sachbuchs zum Thema private Finanzplanung erzählt habe, war er zum Glück schnell Feuer und Flamme. Er hat mein Konzept sofort zu Papier gebracht und gleich noch das erste Kapitel dazu geschrieben. Beides hat sein Agent (der mittlerweile auch mein Agent ist) dann verschiedenen Verlagen auf der Buchmesse vorgestellt, und einer hat angebissen. Dort fand man mein Konzept gut, aber noch nicht gut genug, also hat Jochen so lang daran gefeilt, bis es gepasst hat.

Und heute ist es so weit, wir unterschreiben gemeinsam unsere Verträge. Jochen hat seinen gestern schon gekriegt, meiner war heute Morgen im Briefkasten. Ich finde das alles sehr aufregend und bin äußerst gespannt, wie das Buch am Ende wird. Und wie es ankommt. Millionenbestseller, mindestens. Nein, nur ein Spaß, da bin ich ganz realistisch. Wenn es den LeserInnen gefällt und sie den ein oder anderen Tipp für sich mitnehmen und anwenden können, bin ich schon zufrieden, darum geht es mir. Sollten es Millionen LeserInnen werden, denen ich helfen konnte, habe ich selbstverständlich nichts dagegen.

»Danke«, sage ich auf Monis Glückwunsch hin. »Und wenn es schon auf Facebook steht, erübrigt sich wohl die Bitte, es vorerst nicht an die große Glocke zu hängen.«

Ich rede nicht gern über ungelegte Eier, oder in diesem Fall ungeschriebene Bücher, das soll ja Unglück bringen. Daran glaube ich zwar nicht wirklich, aber sicher ist sicher.

»Keine Sorge«, sagt Moni. »Jochen hat dich unkenntlich gemacht, mit einem großen X quer übers Gesicht. Du bist jetzt Mister X auf seiner Timeline. Er hat auch so gut wie gar nichts verraten, nur dass er ab heute offiziell mit Mister X an einem Geheimprojekt arbeitet. Ich hab dich trotzdem erkannt, an deinem Haaransatz.«

Sie zwinkert mir zu.

»Ach ja, mein verräterischer Haaransatz«, sage ich und zwinkere zurück.

»Was ist mit deinem Haaransatz?«, lässt mich eine Stimme von hinten aufschrecken.

Ich drehe mich um. Es ist Schorschi.

»Mensch, Schorschi, erschreck mich doch nicht so«, sage ich und klopfe ihm auf die Schulter. »Dann tritt mein Haaransatz nur noch schneller die Flucht an.«

»Bier«, sagte Schorschi.

»Aber du hast doch noch ein volles in der Hand«, sagt Moni.

»Nein, nicht zum Trinken«, erwidert Schorschi. »Für die Haare.«

»Du willst ein Bier für deine Haare?«, wundert sich Moni völlig zu Recht.

»Nicht für meine, für seine«, sagt Schorschi und zeigt auf mich. »Das hilft gegen flüchtende Haaransätze.«

»Nee, lass mal«, sage ich lachend. »Bier gehört bei mir *in* den Kopf, nicht drauf.«

»Aber das ist echt super!«, behauptet Schorschi. »Ich mach das schon seit über dreißig Jahren, und mein Haaransatz ist immer noch da, wo er damals war. Außerdem riecht dein Haar dann schön nach Hopfen. Hier, schnupper mal. Ist jetzt drei Tage her und duftet immer noch wie frischer Hopfentau.«

Er hält mir eine Strähne seiner zotteligen Mähne vors Gesicht.

»Schorschi!«, ermahnt in Moni. »Hör sofort auf damit! Du sollst doch den Leuten nicht immer deine Haare ins Gesicht halten!«

»Schon okay, Moni«, sage ich lachend. »Nicht so schlimm. Ich kann allerdings nicht unterscheiden, ob dieser beißende Duft von deinen Haaren oder aus deinem Mund kommt, Schorschi.«

»So oder so, ist alles bio«, sagt Schorschi.

»Dann ist's ja gut«, meine ich grinsend.

»Da kommt Jochen«, sagt Moni und nickt in Richtung Eingang.

»Ah, der Meister ist da!«, rufe ich ihm zu.

»Phil!«, ruft er zurück. »Alles fit im Schritt?«

»Immer«, antworte ich. »Moni, machst du uns bitte zwei Bier?«

»Kommen sofort.«

»Sehr gut«, sagt Jochen. »Ich habe nämlich Durst.«

»Wir setzen uns besser an einen Tisch, oder?«, schlage ich vor und nehme das Kuvert mit dem Vertrag vom Tresen.

»Du meinst, so etwas sollte nicht an der Theke besiegelt werden?«, fragt Jochen grinsend.

»Ich meine, Bierflecken auf offiziellen Dokumenten machen selten einen guten Eindruck«, erwidere ich.

»Das stimmt natürlich.«

Wir setzen uns an einen Tisch etwas abseits der Theke.

»Sollen wir?«, frage ich und ziehe den Vertrag aus dem Kuvert.

»Sehr gern«, sagt Jochen und kramt seinen aus einer Tasche. »Ich habe sogar zwei Kulis mitgebracht.«

Er reicht mir einen Kuli, wir schlagen beide die letzte Seite auf.

»Durchgehen müssen wir das ja nicht noch mal, oder?«

Selbstverständlich habe ich mir den Vertrag nicht nur einmal durchgelesen, wie jedes Dokument, das ich unterschreiben soll. Außerdem vertraue ich Jochen und dem Agenten da voll und ganz, das sind die Profis, wenn es um die Buchbranche geht, ich habe davon keine Ahnung.

»Nö«, sagt Jochen. »Ist ja so weit alles klar. Oder warte, Moment noch.«

Er zieht sein Handy aus der Hosentasche.

»Historische Momente sollten immer ordentlich dokumentiert werden«, sagt er. »Schorschi? Kommst du mal bitte? Kannst du ein Foto von uns machen?«

»Logisch«, sagt Schorschi und kommt zu uns an den Tisch. »Was treibt ihr denn da?«

»Wir unterschreiben Verträge«, sage ich. »Worum es geht, wird aber erst später verraten.«

»Also, ich an eurer Stelle würde die Finger davon lassen«, sagt Schorschi.

»Wie jetzt? Wovon?«, fragt Jochen.

»Vom Unterschreiben«, sagt Schorschi.

»Aber du weißt doch gar nicht, *was* wir da unterschreiben«, erwidert Jochen.

»Egal was«, sagt Schorschi. »Unterschreiben ist nie gut. Damit macht ihr euch zu Sklaven von wem auch immer. Ich habe seit meinem Antrag auf Zivildienst nichts mehr unterschrieben. Mir kann keiner was.«

»Wie, du hast seit deinem Zivildienst nichts mehr unterschrieben?«, frage ich verwundert. »Das geht doch gar nicht. Ich meine, was ist denn zum Beispiel mit einem Mietvertrag?«

»Hatte nie einen«, sagt Schorschi. »Hab immer unangemeldet in WGs gewohnt. Und dann hab ich das Haus meiner Eltern geerbt.«

»Personalausweisantrag?«, fragt Jochen.

»Hab ich nicht. Will ich auch nicht. Da ist ein Chip drin, der uns alle überwacht. Nicht mit mir.«

»Kontoeröffnung?«, frage ich.

»Nie eins gehabt. Alles außer Bargeld ist böse.«

»Krankenkasse?«, fragt Jochen.

»Ich war nie krank. Und sollte ich es doch mal werden, heißt mein Doktor Cannabis, der hilft gegen alles.«

»Hast du nie ein Päckchen oder so gekriegt?«, frage ich. »Oder ein Einschreiben? Das muss man doch auch unterschreiben.«

»Päckchen krieg ich nicht, niemand hat meine Adresse. Aber stimmt, jetzt wo du es sagst, da kam mal ein Einschreiben vom BKA, da sollte ich als Zeuge aussagen, das hab ich sogar unterschrieben. Mit Ché Guevara. Und links.«

»Sensationell«, sagt Jochen. »Wenn ich Schorschi als Charakter in einem Buch verwenden würde, würde mir das niemand abnehmen.«

»Und als Zielgruppe für unser Projekt fällt er definitiv auch aus«, füge ich lachend hinzu.

»Aber so was von«, sagt Schorschi. »Ich bin keine kapitalistisch gesteuerte Zielgruppe, ich bin die Freiheit.«

»Na, dann sei doch bitte mal so frei und mach ein Foto von uns«, sagt Jochen und drückt ihm das Smartphone in die Hand.

Wir setzen beide die Kulis an und grinsen in die Kamera. Schorschi löst aus, es klickt dreimal, dann unterschreiben wir beide.

»So, damit ist es amtlich«, sagt Jochen grinsend. »Es gibt kein Zurück mehr, jetzt müssen wir liefern.«

Schorschi gibt das Handy zurück, wir gucken uns die Fotos an.

»Sehr historisch sehen wir ja nicht aus«, stellt Jochen fest. »Eher ein bisschen grenzdebil, so dämlich, wie wir grinsen.«

Er hat recht, wir sehen tatsächlich etwas dämlich aus, und zwar auf allen drei Bildern. Wobei ich Fotos von mir sowieso nicht mag, das war schon immer so. Irgendwie weiß ich nie, wie ich gucken und was ich mit meinen Händen machen soll.

»Das kommt aber nicht auf Facebook, oder?«, frage ich.

»Nein, keine Sorge, Mister X«, sagt Jochen grinsend. »Das ist nur für uns. Und für die Nachwelt.«

Okay, dann sieht mich nur die Nachwelt debil grinsen, damit kann ich leben, denn bis dahin bin ich ja tot.

»Du wirst dich aber daran gewöhnen müssen, dass Fotos von dir gemacht werden«, sagt Jochen. »Ich gehe auch fest davon aus, dass eins von dir aufs Buch kommt. Oder ins Buch. Und in den Katalog. Auf jeden Fall wird der Verlag Fotos von dir haben wollen. Ich kenne einen tollen Fotografen, den könnte ich fragen.«

»Ja, mach das«, sage ich. »Ich weiß ja, dass das sein muss. Ist auch kein großes Problem, werde mich dran gewöhnen.«

»Hast du eigentlich eine Website?«, fragt Jochen. »Wahrscheinlich nicht, oder? Bräuchtest du dann auch. Und eine Facebookseite, das ist aber ganz einfach, da kann ich dir helfen. Und Visitenkarten. Am besten irgendwie alles im gleichen Design. Da kenne ich auch gute Leute.«

»Ja, darüber habe ich auch schon nachgedacht«, sage ich. »Ich kenne auch eine Grafikdesignerin, die frag ich mal. Aber das hat ja alles noch Zeit, oder? Jetzt muss das Buch erst mal geschrieben werden.«

»Genau. Das Gerüst mit den großen Themen steht ja so weit. Du musst mir nur noch sagen, was im letzten Kapitel vorkommen soll.«

Jochen zieht das blaue Peanuts-Notizbuch aus seiner Tasche, in das er alles schreibt, was wir besprechen.

»Wir hatten gesagt, wir gehen zum Abschluss noch mal in die Kneipe?«, fragt Jochen und schlägt es auf.

»Genau« bestätige ich.

»Und dort wolltest du noch ein paar allgemeine Tipps loswerden, die nicht an ein bestimmtes Thema gebunden sind. Dann schieß mal los.«

Er zückt seinen Kuli und sieht mich erwartungsvoll an.

Na super. Jetzt fällt mir spontan nichts ein. Ich habe mir doch Notizen gemacht. Die habe ich natürlich zu Hause auf dem Schreibtisch vergessen. Was war das denn noch? Irgendwas mit …

»Einen schönen Abend allerseits!«, erklingt plötzlich eine laute Stimme vom Eingang zu uns herüber.

Diese Stimme kenne ich. Diese Stimme kennt jeder hier. Das ist Kim. Und das bedeutet, es ist kurz nach zehn, denn Kim kommt jeden Abend (außer sonntags) um kurz nach zehn hier rein.

»Einen schönen Feierabend, Kim!«, schallt es fast schon im Chor mehrstimmig zurück.

Als ich das zum ersten Mal mitgekriegt habe, musste ich echt laut loslachen. Das ist original wie in der TV-Serie »Cheers«, in der Stammgast Norm jeden Abend hereinkommt, alle begrüßt, im Chor zurückgegrüßt wird und an seinen Stammplatz an der Ecke der Theke stapft.

»Dieses Wetter macht mich echt fertig«, sagt Kim seufzend. »Wir haben Ende September, verdammt. Kann es da nicht mal ein bisschen kühler werden? Und grauer? Und wochenlang regnen?«

Nein, Kim gehört nicht zur Gruppe der chronisch oder vorsätzlich Schlechtgelaunten, die nur bei Regenwetter etwas weniger schlechtgelaunt sind. Kims Unzufriedenheit mit dem für den Großteil der Bevölkerung wunderschönen Spätsommer ist rein beruflicher Natur. Sie ist die Inhaberin eines zwei Häuser weiter gelegenen Solariums, das jeden Abend (außer sonntags eben) um zehn Uhr schließt.

»Wisst ihr, wie viele Kunden ich heute hatte?«, fragt sie.

»Gibst du einen aus, wenn wir es richtig raten?«, fragt Paul grinsend.

»Wenn ich euch jetzt einen ausgebe, habe ich heute Verlust gemacht«, erwidert Kim. »Drei. Es waren ganze drei Kunden heute. Und zwei davon hatten einen Fünfzig-Prozent-Gutschein von meiner letzten Werbeaktion dabei.«

»Oha«, sagt Paul. »Das ist allerdings nicht viel. Moni, schreib das Bier von Kim auf meinen Deckel.«

»Danke, du bist ein Schatz«, sagt Kim und wirft Paul einen Luftkuss zu.

»Das liegt nur daran, dass du mit deinen elektrischen Höllenmaschinen versuchst, die Natur auszutricksen«, sagt Schorschi. »Es ist von Mutter Natur aus nicht vorgesehen, dass jemand braun wird, wenn die Sonne nicht scheint. Du verdienst dein Geld also damit, dass du Mutter Natur betrügst, und das kann sie überhaupt nicht leiden.«

»Ach, so ist das«, sagt Paul. »Wir haben das tolle Wetter also Kim zu verdanken, weil Mutter Natur sich an ihr rächt? Wenn das so ist, verkauf doch einfach garantiert schönes Wetter, Kim. Aber nur heimlich unter der Theke, damit Mutter Natur bloß nichts davon mitkriegt.«

»Mutter Natur kriegt alles mit!«, sagt Schorschi.

»Die kann mich mal kreuzweise, deine Mutter Natur«, knurrt Kim.

»Ganz davon abgesehen ist die Bräunung der

menschlichen Epidermis ein natürlicher Verbrennungsvorgang, den es tunlichst zu vermeiden gilt«, schwadroniert Schorschi weiter. »Ich sage nur: Hautkrebs. Du verkaufst sozusagen den schleichenden Tod in elektrischen Dosen.«

»Mache ich nicht«, erwidert Kim. »Meine elektrischen Dosen sind alle TÜV-geprüft, da gibt es keinen Hautkrebs.«

»Der TÜV ist nur eine von vielen vom Staat installierten Einrichtungen, um die Bevölkerung in trügerischer Sicherheit zu wiegen«, sagt Schorschi. »Wenn du an den TÜV glaubst, kannst du genauso gut auf Gott vertrauen. Egal auf welchen.«

»Gott kann mir bald auch nicht mehr helfen. Egal welcher«, sagt Kim seufzend. »Wenn das noch ein paar Wochen so katastrophal weiterläuft, muss ich den Laden zumachen.«

»Falls es schneller gehen soll, stell einfach Schorschi als PR-Berater ein«, sage ich grinsend.

»Das ist nicht lustig, Phil«, sagt Kim. »Hier geht es um meine Existenz. Wenn ich schließen muss, war's das mit der Selbstständigkeit. Dann kann ich mir wieder einen Job als Arzthelferin suchen, worauf ich nicht besonders viel Lust habe.«

»Ach, so eine Festanstellung hat doch durchaus ihre Vorteile«, sagt Paul. »Jeden Monat der gleiche Betrag auf dem Konto, feste Arbeitszeiten, keine Wochenendarbeit, Urlaubsgeld, dreizehntes Monatsgehalt, es gibt Schlimmeres. Ich hätte jedenfalls keine Lust auf Selbstständigkeit, das wäre mir viel zu unsicher.«

»Einen meckernden Chef, jeden Tag nur von schlechtgelaunten Kranken umgeben sein, nein danke, das hatte ich zwölf Jahre lang«, sagt Kim. »Da gefällt mir die Selbstständigkeit doch eindeutig besser – wenn nicht gerade wochenlang die verdammte Sonne scheint.«

»Und wenn du etwas Anderes aus dem Laden machst?«, fragt Moni. »Die Lage ist doch nicht schlecht. Du müsstest nur etwas verkaufen, das weniger wetterabhängig ist. Eine Freundin von mir hat zum Beispiel gerade einen Laden aufgemacht, in dem sie recycelte Sachen verkauft. Da kannst du zum Beispiel dein altes Lieblings-T-Shirt hinbringen, und sie näht daraus eine schöne Tasche oder einen coolen Lampenschirm.«

»Wirklich eine vorbildliche Geschäftsidee«, sagt Schorschi. »Eine fabelhafte Verbindung von Ökologie, traditionellem Handwerk und Ressourcenschonung, mach das doch.«

»Ich kann aber nicht nähen«, sagt Kim. »Und außerdem gibt es ja so einen Laden nun schon.«

»Ich meinte ja nicht, dass du das auch machen sollst«, sagt Moni. »Nur, dass es eben noch andere Möglichkeiten gibt, wenn es mit dem Solarium weiter so schlecht läuft.«

»Ja, du hast ja recht«, sagt Kim seufzend. »Danke für die Anregung. Ich werde mal gründlich darüber nachdenken, welche Talente außer Solarien an- und auszuschalten noch in mir schlummern. Aber heute nicht mehr. Heute will ich nur noch mein Feierabendbierchen trinken und danach ins Bett, wo ich hoffentlich ausnahmsweise mal schnell einschlafen kann, ohne an meine unsichere Zukunft zu denken.«

Arme Kim. Dieses Problem habe ich zum Glück nicht, ich schlafe immer sofort ein – wahrscheinlich weil ich meine Zukunft fest im Griff habe. Zumindest finanziell.

»Äh ... Phil?«, sagt Jochen. »Vielleicht sollten wir unsere Arbeitsbesprechungen nicht unbedingt abends in der Kneipe abhalten? Wir können das auch heute lassen, wenn du gerade keinen Kopf dafür hast.«

»Was? Nein, schon okay«, sage ich. »Sorry, war nur kurz abgelenkt.«

»Kein Problem«, sagt Jochen. »Also, was willst du den Leuten zum Abschluss noch mitgeben?«

»Dass sie sich rechtzeitig um ihre Altersvorsorge kümmern, zum Beispiel«, sage ich. »Vor allem die Selbstständigen wie Kim. Oder du. Ihr müsst nämlich selbst für eure Rente sorgen. Als Angestellter läuft das alles automatisch über den Arbeitgeber, als Selbstständiger leider nicht. Wobei, du warst doch auch mal angestellt, im Comicshop, oder?«

»Ja, ganze zehn Jahre lang.«

»Dann hast du doch bestimmt schon mal so eine Rentenauskunft gekriegt, oder?«, frage ich. »Die kriegt man irgendwann automatisch zugeschickt, glaube ich. Da steht drin, wie viel Rente du zu erwarten hast.«

»Ach, dieses Ding«, sagt Jochen lachend. »Ja, das hab ich irgendwann gekriegt. Selten so gelacht. Da stand drin, dass ich irgendwas um die hundertfünfzig Euro Rente kriegen werde.«

»Doch so viel?«, sage ich grinsend.

»Ja. Und dann sollte ich noch irgendwelche Studienbescheinigungen nachreichen und was weiß ich noch nachweisen, das war ein Riesenakt, das ganze Zeug aus meiner Studienzeit hatte ich längst weggeworfen.«

»Ja, kann ich verstehen«, sage ich. »Aber das ist schon wichtig. Man sollte sein Arbeitsleben und all seine angemeldeten Jobs möglichst lückenlos da aufführen, das ist alles bares Geld für die Rente. Man muss das auch nicht erst kurz vor der Rente machen, das geht auch vorher, da muss man nur den ausführlichen Versicherungsverlauf bei der Deutschen Rentenversicherung anfordern, dann kriegt man die Übersicht der bereits eingeflossenen Beträge und Zeiträume früher. Und je früher man sich darum kümmert, umso besser.«

»Alles klar«, sagt Jochen und schreibt etwas in sein Buch. »Das kommt als Hinweis mit rein.«

»Du müsstest eigentlich jedes Jahr so eine Auskunft

kriegen«, sage ich. »Ist das mittlerweile immer noch so wenig?«

»Nein, ich bin jetzt bei vierhundert-noch-was«, sagt Jochen. »Seit ich in der Künstlersozialkasse bin, wird da ja regelmäßig eingezahlt. Mehr wird's aber nicht werden.«

»Siehst du, und genau deshalb musst du dich selbst um deine Altersversorgung kümmern.«

»Schon klar«, sagt Jochen. »Und dank dir weiß ich jetzt ja auch, wie ich das machen muss. Mit dem Notgroschenansparen habe ich schon angefangen. Und wenn der komplett ist, geht's ans langfristige Anlegen. Aber das müssen wir im letzten Kapitel nicht noch mal erklären, oder? Das steht ja bereits ausführlich weiter vorne.«

»Genau, das muss nicht noch mal rein, das haben wir schon.«

»Alles klar. Was fehlt dann noch? War da nicht irgendwas mit vermeintlichen Finanzexperten, die dir auf den Sack gehen?«

»Ach so, ja, stimmt«, sage ich. »Wobei ich nicht auf den Sack gehen sagen würde, das wäre zu viel der Ehre.«

»Es geht um diese Typen, die ständig bei Lanz und Konsorten auftauchen, oder?«, sagt Jochen grinsend. »Wart's mal ab, vielleicht bist du ja bald auch einer von denen.«

»Ganz sicher nicht«, erwidere ich. »Das ist es ja.

Um ins Fernsehen oder in die Zeitung zu kommen, musst du möglichst laut schreien, und genau das machen wir in dem Buch ja nicht. Bei uns geht es um die Basics, nicht um Marktschreierei oder Panikmache. Und die Basics sind nun mal stinklangweilig, hab ich ja schon gesagt. Wer richtig anlegt, legt langfristig und somit langweilig an, und mit langweilig kommt man nicht ins Fernsehen.«

»Das heißt, diese Jungs sind allesamt Scharlatane?«

»Nein, sind sie nicht, das sind schon alles Jungs vom Fach«, sage ich. »Aber sie wissen auch nicht mehr als andere Finanzexperten. Weil das einfach nicht möglich ist. Die Kurse steigen, und irgendwann fallen sie wieder, so viel wissen wir alle, das ist Fakt. Aber *wann* der nächste Crash oder Bullenmarkt kommen wird, weiß niemand, das ist nicht vorhersehbar. Nur, wenn du laut genug schreist und irgendwas ankündigst oder vermeintlich voraussagst, kommst du eben ins Fernsehen oder in die Zeitung – die langweilige Wahrheit ist schließlich nicht aufregend genug, um sie zu senden oder abzudrucken.«

»Das heißt, auf solche Leute sollte man also nicht hören?«

»Das kann jeder machen, wie er mag. Ich finde es nur nicht seriös. Wenn du Geld angelegt hast, wirst du nur nervös und fühlst dich dadurch zum Handeln gezwungen. Und, wie ich dir ja schon erklärt habe, das Geheimnis guten Anlegens liegt darin …«

»Immer ruhig zu bleiben und sich nicht von Kurs-schwankungen verrückt machen zu lassen«, vervoll-ständigt Jochen meinen Satz.

»Sehr schön«, sage ich grinsend. »Du hörst mir ja tatsächlich zu und lernst sogar was dabei.«

»Klar«, sagt Jochen. »Wenn ich mit dem Buch fertig bin, weiß ich alles, was du weißt. Und dann schreie ich ganz laut, komme ins Fernsehen und werde ein Finanzstar.«

»Ha ha! Ein sehr guter Plan!«, sage ich lachend. »Dann brauchst du meine ganzen Tipps ja gar nicht, weil du sowieso stinkreich wirst.«

»So sieht's aus«, erwidert Jochen grinsend. »Ich habe quasi ausgesorgt. Bis es so weit ist, müsstest du mir allerdings bitte zehn Euro leihen, sonst kann ich kein Bier mehr trinken. Der Geldautomat nebenan wollte meine Karte nicht.«

»Mach dir darüber keine Sorgen«, sage ich. »Zur Feier des Tages geht heute alles auf mich. Moni, machst du uns bitte noch zwei?«

»Kommen sofort!«, antwortet Moni. »Aber wäre dem Anlass entsprechend nicht eher Champagner an-gesagt? Nicht, dass wir welchen dahätten. Aber eine Flasche Sekt wäre noch im Kühlschrank.«

Ich schaue Jochen an, er verzieht angeekelt das Gesicht.

»Für mich nicht, danke«, sagt er. »Ich mag keinen Sekt. Widerliche Blubberbrause.«

»Ich auch nicht«, sage ich grinsend. »Wieder etwas, das wir gemeinsam haben.«

Das finde ich übrigens sehr interessant. Bei einem Finanzmenschen und einem ehemaligen Punker denkt man ja erst mal, das sind natürliche, weil kulturhistorische Feinde, die grundsätzlich nichts gemeinsam haben. Ist aber nicht so. Bei unseren regelmäßigen Treffen in den letzten Monaten hat sich gezeigt, dass uns gerade charakterlich eine ganze Menge verbindet, was ich sehr schön und wichtig finde – und es ist auch sicher kein Nachteil, wenn man zusammen an einem Buch arbeitet.

»Also, *ich* würde schon einen Sekt nehmen«, sagt Schorschi.

»Das glaube ich«, sage ich lachend. »Vor allem, wenn er nichts kostet. Und ich würde dir sogar einen ausgeben, aber es wäre Verschwendung, für ein einziges Glas eine Flasche aufzumachen, die dann zwei Tage später weggeworfen werden muss.«

Das hat jetzt nichts mit Sparen oder Geiz zu tun. Ich finde nur, Verschwendung sollte, wenn möglich, immer vermieden werden. Dementsprechend sieht übrigens mein Kühlschrank aus – da ist nichts drin, was nicht in den nächsten zwei bis vier Tagen verzehrt wird.

»Ach, ich könnte schon auch ein Gläschen vertragen«, sagt Moni grinsend.

»Bin dabei!«, ruft Paul vom Würfeltisch herüber.

»Ein Sektchen geht immer«, meldet sich Kim an.

»Okay, okay, ich habe verstanden«, sage ich. »Eine Flasche Sekt auf mich, Moni.«

Eine kleine Runde Applaus belohnt meine Großzügigkeit.

»Sehr sparsam bist du nicht heute«, sagt Jochen grinsend.

»Das ist schon okay«, sage ich. »Um anderen eine Freude zu machen, darf man sehr gerne auch mal Geld ausgeben.«

»Soll das auch ins Buch?«

»Klar. Das ist genauso wichtig wie die Spartipps. Es soll ja nicht darum gehen, nur ständig freudlos vor sich hin zu sparen, das ist nicht unsere Grundaussage. Man soll sich auch mal etwas gönnen, und anderen auch. Das muss ja nicht immer was Großes sein, manchmal reicht schon ein Glas Sekt, um Freude zu verbreiten. Guck dir Schorschi an.«

Schorschi steht am Tresen und leckt sich voller Vorfreude die Lippen, während Moni die Sektgläser füllt.

»Alles klar, kommt mit rein«, sagt Jochen. »Wäre dann auch was fürs letzte Kapitel. Was noch?«

Ich überlege. Da war noch was. Irgendwas, wovor ich warnen wollte. Ach ja, genau.

»Werbung«, sage ich. »Werbung für Finanzprodukte.«

»Okay«, sagt Jochen. »Ist das was Gutes oder was Schlechtes?«

»Schlecht«, antworte ich. »Eindeutig schlecht. Vor allem Werbung mit hohen Zinsversprechen, die ist immer mit Vorsicht zu genießen.«

»Weil hohe Zinsen unrealistisch sind?«

»Weil du als Laie von hohen Zinsen die Finger lassen sollst. Es ist doch so: Wenn ich ein Unternehmen gründe, bei dem der Erfolg und damit verbunden hohe Zinsen garantiert wären, würde sich jede Bank sofort darauf stürzen und mir Kredite hinterherwerfen. Dann müsste ich keine Werbekampagne starten, um private Anleger zu finden, die mir ihr Geld geben.«

»Klingt logisch«, sagt Jochen. »Hast du da irgendein Beispiel?«

»Kannst du dich an die Riesenwerbekampagne dieses Windparkbetreibers erinnern? Da hingen in jeder U-Bahn Schilder und Plakate.«

»Nein, sagt mir gar nichts, ich fahre nur sehr selten U-Bahn.«

»Egal. Das war jedenfalls ein Windparkbetreiber, der Geld für seine Windparks gebraucht und ebendiese Werbekampagne gestartet hat. Die Zinsen waren sehr verlockend, auf die Risiken wurde ganz klassisch nur im Kleingedruckten hingewiesen. Außerdem würde man ja gleichzeitig etwas für die Umwelt tun, das war so der Tenor der Werbung. Wie gesagt, wenn das in Hinsicht auf das Renditerisiko so ein Supergeschäft gewesen wäre, hätten ihn die Banken mit Geld zugeschissen, da hätte er nicht mal fragen müssen, die wären von allein mit einem Koffer voll Bargeld vorbeigekommen. Aber das war offenbar nicht der Fall, also hat er es bei den privaten Ahnungslosen versucht, die reihenweise darauf reingefallen sind.«

»Lass mich raten: Er hat sich mit dem Geld aus dem Staub gemacht?«

»Nein. Das war ja kein Betrüger, darum geht es nicht. Er hat tatsächlich Windparks mit dem Geld gebaut und betrieben, ist aber pleitegegangen – und mit ihm natürlich die Anleger, die auf seine Werbeversprechen reingefallen sind.«

»Okay, also als Tipp dann quasi: Nicht auf Werbung für Finanzprodukte reinfallen.«

»Genau. Da wird auch gern mit Steuervorteilen gelockt, damit kriegst du sie alle, Steuern sparen ist ja der Deutschen liebstes Hobby. Die meisten dieser Lockangebote sind aber fauler Zauber, und manchmal ging das sogar schon nach hinten los, da mussten Leute plötzlich einen Riesenberg an Steuern nachzahlen, weil die Steuervorteile nachträglich gekappt wurden.«

»Alles klar, kommt mit rein«, sagt Jochen, während er in sein Notizbuch kritzelt. »Sonst noch was?«

»Was haben wir denn jetzt schon alles?«, will ich wissen.

»Rentenauskunft, Experten im Fernsehen und Werbung, auf die man nicht reinfallen sollte«, sagt Jochen.

»Vielleicht ganz zum Abschluss noch irgendwas Grundsätzliches für alle? So eine Art Rundumtipp? Was ist denn beispielsweise, wenn jetzt jemand unser Buch gelesen hat und sich sagt: Na ja, alles schön und gut, was dieser Wolk mir da erzählt, aber woher weiß ich denn, dass das auch alles stimmt und tatsächlich so gut ist, wie er behauptet? Was, wenn dir jemand zum Beispiel nicht glaubt, dass dein empfohlener Fonds tatsächlich der beste unter allen Fonds ist?«

»Dann darf er gern einen anderen Experten fragen«, sage ich. »Das rate ich sowieso jedem, der irgendwie unsicher ist, dafür gibt es ja die Experten. Einfach einen Termin machen und sich beraten lassen, das kann nie schaden.«

»Du meinst bei einer Bank?«, fragt Jochen.

»Das wäre nun nicht unbedingt meine erste Anlaufstelle«, antworte ich. »Das Problem ist, dass eine Bankberatung immer gleichzeitig ein Verkaufsgespräch ist. Ein Bankberater ist nicht neutral, er will dir etwas verkaufen, für das er eine Provision kriegt. Und du bist doppelt im Nachteil, so ein Bankberater ist dir im Gespräch immer zweifach überlegen. Zum einen durch sein Fachwissen und zum anderen, weil er psychologisch gezielt für solche Verkaufsgespräche geschult wurde. Da gibt es spezielle Seminare mit so tollen Titeln wie ›Abschlussorientiertes Verkaufen‹, das sagt ja schon alles. Da wird mit allen Tricks gearbeitet, um Einnahmen zu generieren, denn eine Bank ist ein gewinnorientiertes Unternehmen und nicht die Wohlfahrt.«

»Aha, gut zu wissen«, sagt Jochen. »Hast du denn irgendein Beispiel für solche Tricks?«

»Klar. Da wird dir zum Beispiel ein Fonds verkauft, der drei Jahre lang ordentlich gelaufen ist. Und schwups! wird dir der Tausch in einen anderen Fonds vorgeschlagen, weil dieser angeblich noch besser sein werde, wofür der Berater natürlich wieder Provision kassiert. Wie gesagt, nach drei Jahren. Obwohl jeder weiß, dass wir beim langfristigen Anlegen von mindestens fünfzehn Jahren ausgehen müssen, da kann man nach drei Jahren noch gar keine Aussage treffen. Bankberater wissen schließlich genauso wenig wie alle anderen, wohin sich die Kurse bewegen, also ist das nichts als heiße Luft.«

»Verstehe«, sagt Jochen und schreibt in sein Notizbuch.

»Oder noch so ein Trick«, fahre ich fort. »Dir wird ein Fonds verkauft, der nicht läuft. Mittlerweile ist der Berater, der ihn dir verkauft hat, nicht mehr bei der Bank. Sein Nachfolger bittet dich um ein Gespräch, in dem er dir anvertraut, dass sein Vorgänger Mist gebaut habe und genau deswegen nicht mehr im Hause sei. Aber der Neue könne dein Geld natürlich retten, weil er viel mehr Ahnung habe. Dafür müsstest du nur in einen anderen Fonds investieren. Und schon hat er dir wieder was verkauft und kassiert die Provision.«

»Sehr geschickt. Und wie hoch ist so eine Provision? Was verdient er daran, dich über den Tisch zu ziehen?«

»Oh, zum Thema Über-den-Tisch-Ziehen habe ich einen schönen Spruch!«, sage ich. »Verkaufen bedeutet für Bänker, den Kunden so schnell über den Tisch zu ziehen, dass er die Reibungswärme als Nestwärme empfindet.«

»Ha ha, sehr gut!«, sagt Jochen. »Den schreib ich gleich auf. Gibt's noch mehr solche Sprüche? Da könnte man zwischendurch immer mal einen anbringen.«

»Klar, jede Menge, gute Idee«, stimme ich ihm zu. »Aber erst noch kurz zu deiner Frage, was dich ein Bankberater kostet. Die meisten Leute denken ja, so ein Gespräch bei der Bank oder mit dem Versicherungsvertreter, der zu dir nach Hause kommt, ist kostenlos. Das ist aber beileibe nicht so, die Kosten sind nur gut versteckt. Bei einem Bankberater kannst du davon ausgehen, dass er schon mal fünf Prozent der angelegten Summe sofort bei Abschluss kriegt und danach pro Jahr noch mal ein bis zwei Prozent Provision. Ist ja auch klar, irgendjemand muss die Berater und die ganzen schicken Bankhochhäuser schließlich bezahlen.«

»Okay, ein Bankberater ist also definitiv keine Empfehlung. Aber zu wem gehe ich dann, wenn ich unsicher bin?«

»Zu einem Honorarberater«, sage ich. »Findest du jederzeit im Netz, einfach googeln.«

»Und die kosten nichts, oder wie?«, fragt Jochen.

»Doch, natürlich kosten die was, sagt ja schon der Name. Honorarberater werden direkt vom Kunden bezahlt, zu einem Stundensatz von hundertfünfzig bis zweihundertfünfzig Euro.«

»Ui, das ist aber auch nicht gerade wenig«, stellt Jochen fest.

»Ja, aber das zahlst du dann einmal und hast keine weiteren versteckten Kosten wie die jährlichen Provisionen bei der Bank. Ein Honorarberater darf gar keine Provisionen nehmen. Und selbst, wenn er dir ein Produkt empfiehlt, das mit Provisionszahlungen verbunden ist, gibt er die direkt und ohne Abzug an dich weiter.«

»Ah, verstehe. Du hast also nur einmalig Kosten und nicht über Jahre hinweg.«

»Genau. Und der große Vorteil bei einem Honorarberater ist, dass er dich völlig neutral und transparent berät. Du bezahlst ihn für seine ehrliche Meinung als Experte, nicht für die Gewinnmaximierung seines Arbeitgebers. Und er wird immer versuchen, die kostengünstigsten Produkte für dich zu finden, weil er ganz genau weiß, dass diese kleinen Kosten langfristig große Auswirkungen haben. Honorarberater gibt's übrigens auch für Versicherungen.«

»Also eine ganz klare Empfehlung für Honorarberater«, sagt Jochen und schreibt etwas auf. »War's das, oder gibt's da noch eine Alternative?«

»Die Verbraucherzentralen bieten auch Beratungen zu Geldanlagen und Versicherungen an«, sage ich. »Das kann man für eine Zweitmeinung gern machen. Das Wichtige daran und überhaupt ist einfach, dass man seine persönlichen Finanzen selbst in die Hand nimmt. Und genau dabei soll unser Buch ja helfen und unterstützen.«

»Alles klar«, sagt Jochen. »Das wäre doch ein gutes Schlusswort. Oder ist das schon irgendwo anders eingeplant?«

»Weiß ich gerade nicht, egal«, sage ich. »Es sollte auf jeden Fall im letzten Kapitel noch mal explizit erwähnt werden.«

»Persönliche Finanzen in die eigene Hand nehmen«, sagt Jochen, während er genau das in sein Buch schreibt. »Explizit.«

»Perfekt«, sage ich. »Ich glaube, das war's dann auch fürs letzte Kapitel. Oder fehlt noch was? Irgendwas war doch gerade noch.«

»Die Sprüche«, sagt Jochen. »Du hast gesagt, du hättest noch ein paar Sprüche für mich.«

»Ach so, ja, stimmt. Sagt dir der Name André Kostolany etwas?«

»Nö, nie gehört.«

»Das war *der* Börsenguru schlechthin, der hat immer ein paar gute Sprüche rausgehauen. Den zum

Beispiel: ›Bei jeder guten bürgerlichen französischen Familie hat man den dümmsten Sohn zur Börse geschickt. Bestimmt hat das seine Gründe.‹«

»Ha, sehr gut«, sagt Jochen lachend. »Das unterstreicht die Geschichte mit dem Affen.«

»Oder der hier, auch von ihm: ›Die teuersten fünf Worte an der Börse: Diesmal wird es anders sein.‹«

Jochen schreibt mit.

»Oder was Englisches«, sage ich. »›*The trend is your friend.*‹«

»Was bedeutet?«, will Jochen wissen.

»Dass man immer *mit* dem Trend gehen soll, nicht dagegen.«

»Okay, aber das gilt eher für die Spekulanten, oder? Und mit Spekulanten beschäftigen wir uns im Buch doch gar nicht.«

»Das stimmt natürlich. Trotzdem, apropos Spekulanten, da fällt mir auch noch einer ein: ›Ein Spekulant ist ein Mann, der ohne einen Pfennig Geld in der Tasche Austern bestellt, in der Hoffnung, mit einer darin gefundenen Perle zahlen zu können.‹«

»Oder noch besser«, sagt Jochen. »Ein Spekulant ist ein Schorschi, der jeden Abend in die Kneipe geht, in der Hoffnung, dass irgendjemand etwas zu feiern hat und ihm einen ausgibt.«

Wir lachen beide laut.

»Hey, was gibt's denn da zu lachen?«, ruft Schorschi vom Tresen zu uns herüber. »Ich hab meinen Namen gehört! Ihr wisst hoffentlich: Wer sich auf meine Kosten lustig macht, muss einen ausgeben!«

Wir lachen noch lauter.

»Wir haben uns nicht über dich lustig gemacht, Schorschi!«, ruft Jochen. »Wir haben nur festgestellt, dass du ein Spekulant bist!«

»Wie bitte? Frechheit!«, erwidert Schorschi. »Kapitalismus unterstellende Beleidigungen kosten doppelt! Ich bin kein Spekulant! Ich bin allerhöchstens ein Spekulatius!«

Die ganze Kneipe lacht.

»Seid ihr jetzt endlich mal fertig da unten?«, fragt Schorschi. »Kommt hoch zu mir! Ich trinke meine hart verdienten Strafbiere nicht gern alleine!«

Jochen und ich sehen uns an.

»Das war's so weit, oder?«, fragt er mich.

»Ich denke schon«, antworte ich. »Feierabend.«

Jochen klappt das Notizbuch zu und steckt es zurück in seine Tasche.

Wir setzen uns zu Schorschi an die Theke und quatschen für den Rest des Abends über dies und das und jenes – nur nicht über Geld.

Gegen elf verabschieden Jochen und ich uns vor der Kneipe, unser nächstes Arbeitstreffen wird in vier Tagen stattfinden, dann aber wieder tagsüber, da arbeitet es sich doch konzentrierter.

Ich mache mich sanft schwankend auf den kurzen Heimweg nach Hause. Als ich um die Ecke biege, sehe ich auf der anderen Straßenseite dirckt vor meinem Eingang ein großes rotes Fahrzeug stehen. Ich denke ganz kurz an die Feuerwehr, bis ich den Schriftzug auf der Seite entdecke. Dort ist in großen, geschwungenen Lettern das Wort *Galettes* zu lesen. Nein, das kann nicht sein. Oder doch? Mein Herz erhöht seine Schlagfrequenz. Ich wechsle die Straßenseite und vergesse dabei fast zu atmen. Als ich an der Rückseite des Trucks vorbei bin und den Bürgersteig betrete, sehe ich eine mir wohl bekannte, faszinierende Jungfrau auf dem Tritt der Beifahrerseite sitzen. Sie sieht mich und lächelt mich an. Ein warmes, wohliges Gefühl breitet sich über meinen Brustkorb auf mein gesamtes Dasein aus.

Okay, schnell noch ein letzter Tipp, dann ist aber wirklich Schluss: Woran man niemals, unter gar keinen Umständen sparen sollte, sind Glücksmomente. Die kann man sich nämlich tatsächlich nicht kaufen. Aber man kann sie viel unbeschwerter und bewusster genießen, wenn einem keine lästigen Geldsorgen den Kopf verstopfen. Es würde mich sehr freuen, wenn dieses Buch ein bisschen dabei helfen konnte, Ihre finanziellen Sorgen kleiner und zukünftige Glücksmomente entsprechend größer gemacht zu haben.

Dies und das auf einen Blick

- *Finanzmarktschreier in den Medien nicht ernst nehmen*
- *Nicht auf Werbung für Finanzprodukte reinfallen*
- *Bei Unsicherheit Honorarberater konsultieren*
- *Und nicht vergessen: Glücksmomente genießen!*

Register